乡村振兴战略
150问

本书编写组

中国农业出版社

主　　编　张红宇（农业农村部农村经济体制与
　　　　　　　　　经营管理司司长）

副 主 编　唐园结（农民日报社党委书记、社长）

　　　　　孙　林（中国农业出版社党委书记、社长）

　　　　　胡乐鸣（中国农业出版社总编辑）

　　　　　何兰生（农民日报社总编辑）

参编人员　刘爱芳（中国农业出版社副社长）

　　　　　徐恒杰（农民日报社编委）

　　　　　施　维（农民日报社评论部主任）

　　　　　张凤云（农民日报社评论部副主任）

　　　　　张伟宾（农民日报社评论部评论员）

　　　　　刘振远（农民日报社评论部评论员）

　　　　　柯利刚（农民日报社评论部评论员）

目录

一、综合篇

二、产业兴旺篇

三、生态宜居篇

四、乡风文明篇

五、治理有效篇

六、生活富裕篇

七、脱贫攻坚篇

八、制度保障篇

一、综合篇

1.乡村振兴战略提出的背景是什么?

答:党的十八大以来,以习近平同志为核心的党中央坚持把解决好"三农"问题作为全党工作重中之重,出台了一系列强农惠农富农政策,推动农业农村发展取得了历史性成就、发生了历史性变革,农民生活水平有了很大提高。但是同时也要看到,当前我国农业竞争力依然不强,农民收入水平依然较低,农村依然普遍落后,最大的不平衡是城乡发展不平衡,最大的发展不充分是农村发展不充分。农村依然是实现全面小康社会最大的短板,农业是实现"四化同步"发展最大的短腿。中央在这个时候提出实施乡村振兴战略,实际上是在提醒我们:由于中国的特殊国情,由于中国在未来二三十年发展中的一种阶段性特征,我们在现代化的进程中不能忽视农业、不能忘记农民、不能淡泊农村,必须下大力气提高"三农"发展水平。

2. 乡村振兴战略的重大意义是什么?

答:农业农村农民问题是关系国计民生的根本性问题。没有农业农村的现代化,就没有国家的现代化。农业强不强、农村美不美、农民富不富,决定着亿万农民的获得感和幸福感,决定着我国全面小康社会的成色和社会主义现代化的质量。如期实现"全面建成小康社会"的第一个百年奋斗目标,并向实现"建成富强民主文明和谐美丽的社会主义现代化强国"的第二个百年奋斗目标迈进,最艰巨最繁重的任务在农村,最广泛最深厚的基础在农村,最大的潜力和后劲也在农村。实施乡村振兴战略,是我们党"三农"工作一系列方针政策的继承和发展,是中国特色社会主义进入新时代做好"三农"工作的新旗帜和总抓手,实施乡村振兴战略是一项长期的历史性任务。

3.新时代乡村振兴与以前新农村建设的不同之处在哪儿?

答:从总的要求来看,两者都提出了20个字、5个方面的发展要求,但是乡村振兴更强调高质量发展,体现出发展水平和要求的进一步提升。从"生产发展"到"产业兴旺",要求在发展生产的基础上提升发展质量,使农村经济更加繁荣;从"村容整洁"到"生态宜居",要求在治理村庄脏乱差的基础上推进绿色生态的生产生活方式,实现人与自然和谐相处;"乡风文明"四个字虽然没有变化,但内涵进一步丰富,更强调保持乡村文化特色与现代文明的融合,从"管理民主"到"治理有效",体现从"管"到"治"的区别,要求加强和创新农村社会治理,满足农村居民现代化生活需要;从"生活宽裕"到"生活富裕",更强调了小康路上一个都不能少和共同富裕路上不落一人的决心,使农民生活更加富裕、更加美满。

4.我们有能力完成乡村振兴伟大战略吗?

答:有。我们有习近平总书记把舵定向,党中央高度重视、坚强领导、科学决策的政治优势,有全党全国全社会大力支持、集中力量办大事的社会主义制度优势,有多年探索实践形成的行之有效的"三农"工作机制,乡村振兴可谓有基础、有保障;我们还有强大的经济实力和综合国力,有历史悠久、丰富灿烂的农耕文明为底蕴,有大量来自农村、热爱农村的"乡愁牌""乡情牌"可以打,乡村振兴可谓有条件、有支撑;我们还有尚待挖掘的巨大的农村消费市场,有方兴未艾的农村创新创业的滚滚热潮,有亿万农民蓬勃的创造精神,农村正成为各方投资的热土,乡村振兴可谓有需求、有潜力。有了这些制度、物质、文化、精神保障,我们完全可以把乡村振兴这件大事办好。

5.推进乡村振兴战略我们面临哪些困难?

答:乡村振兴,人是关键,但是当前农村人才流失严重,很多地区的农村大部分都是"38、61、99"人员,即妇女、儿童和老人,文化水平和综合素质较低,人力资源严重不足;乡村振兴,钱是基础,但是长期以来,我国农村金融基础一直比较薄弱,在市场经济的氛围下,农村的各类资源要素自发地流向高回报率的工业和城市,缺钱是乡村振兴的一大制约;乡村振兴,制度是保障,当前农村发展中隐藏着很多深层次的制度矛盾和机制欠缺,不利于调动农民的积极性,不利于发挥创造性。这些是我们当前实现乡村振兴面临的最大困难和制约。

6.为什么说我国发展不平衡不充分问题在乡村最为突出?

答:我国发展不平衡不充分问题在乡村最为突出,主要表现在:农产品阶段性供过于求和供给不足并存,农业供给质量亟待提高;农民适应生产力发展和市场竞争的能力不足,新型职业农民队伍建设亟须加强;农村基础设施和民生领域欠账较多,农村环境和生态问题比较突出,乡村发展整体水平亟待提升;国家支农体系相对薄弱,农村金融改革任务繁重,城乡之间要素合理流动机制亟待健全;农村基层党建存在薄弱环节,乡村治理体系和治理能力亟待强化。

7.什么时候能实现乡村振兴?

答:乡村振兴是历史性任务,要求到2020年,乡村振兴取得重要进展,制度框架和政策体系基本形成。到2035年,乡村振兴取得决定性进展,农业农村现代化基本实现。农业结构得到根本性改善,农民就业质量显著提高,相对贫困进一步缓解,共同富裕迈出坚实步伐;城乡基本公共服务均等化基本实现,城乡融合发展体制机制更加完善;乡风文明达到新高度,乡村治理体系更加完善;农村生态环境根本好转,美丽宜居乡村基本实现。到2050年,乡村全面振兴,农业强、农村美、农民富全面实现。

8.乡村振兴战略能带给农民什么样的美好生活?

答：农业成为有奔头的产业。农业现代化水平全面提升，现代农业产业体系、生产体系、经营体系不断完善，农业的功能和价值得到拓展和掘深。越来越多的人在农业劳作中感受创造的价值，在农耕文化传承中获得情感熏陶，在与大自然亲密接触中找到心灵归属。农民成为令人羡慕的职业。收入较高，且体面有尊严；生活幸福，能享受和城里人一样的生活设施和社会福利；前景诱人，发展的空间和机会大大增加；心情愉悦，在田园牧歌中实现"诗意地栖居"。农村成为安居乐业的美丽家园。生态环境优，看得见蓝天，摸得着绿水；村容村貌好，街道整洁，基础设施完备；乡村社会和谐，自治有传统，法治有保障，德治有作为；乡村风尚美，邻里和睦，民风淳朴，文化欣欣向荣。

9.乡村振兴战略有哪些新的重大提法?

答:首次提出了坚持农业农村优先发展的新要求,这是对"重中之重"战略思想的继承和发展,既包括了"重要性",又有"前置性",这是在观念上、认识上、工作部署上的重大创新;首次提出了城乡融合发展的新要求,城乡融合发展,更突出强调"融合"的理念,进一步明确了破除城乡二元结构、建立新型工农城乡关系的思路;首次提出了加快推进农业农村现代化的新要求,丰富和提升了以往的认知水平,以前我们讲农业现代化比较多,主要聚焦点是如何提高农业效率,这要求我们要不断减少农业就业人口,如今提出农业农村现代化问题,要求我们在解决农业问题的同时,不能忽视农民和农村问题,实现农民增收和产业发展齐头并进,推进农业农村现代化。

10.国家是怎么规划实施乡村振兴战略的?

答:2018年中央1号文件提出,制定《国家乡村振兴战略规划(2018—2022年)》(以下简称《规划》)。《规划》通过与文件对标对表,分别明确至2020年全面建成小康社会和2022年召开党的二十大时的目标任务,细化实化工作重点和政策措施,指导各地区各部门分类有序推进乡村振兴。

11. 如何实现规划先行引领乡村振兴？

答：当前乡村的格局正在发生快速的演变，正处在大调整、大变动的时期。实施乡村振兴战略必须要科学把握乡村发展走势和它的分化特征，做到规划先行。哪一些村要保留、哪一些村要整治、哪一些村要缩减、哪一些村要做大，都要做到科学论证、分类指导。不能以千篇一律为美，应当以差异化、个性化为美。现在乡村建设的规划水平还是比较低的，必须提高乡村规划的水平。例如有些地方搞"特色田园乡村建设"，让搞规划的、搞建筑的、搞园林的、搞景观的、搞艺术设计的、搞文化的人都参与到乡村的规划设计中去，通过这个平台把乡村的规划设计提高到一个新的水平上。2018年中央1号文件提出要引导规划下乡，要培养乡村建设的规划人才。

12.乡村振兴战略党内法规是如何保障的?

答:2018年中央1号文件指出,根据坚持党对一切工作的领导的要求和新时代"三农"工作新形势新任务新要求,研究制定中国共产党农村工作条例,把党领导农村工作的传统、要求、政策等以党内法规形式确定下来,明确加强对农村工作领导的指导思想、原则要求、工作范围和对象、主要任务、机构职责、队伍建设等,完善领导体制和工作机制,确保乡村振兴战略有效实施。

中央1号文件

根据坚持党对一切工作的领导的要求和新时代"三农"工作新形势新任务新要求——

——确保乡村振兴战略有效实施。

13.实施乡村振兴战略，2018年中央1号文件布置了哪些重要战略、行动和工程？

答：重要战略方面，部署制定和实施国家质量兴农战略规划，建立健全质量兴农评价体系、政策体系、工作体系和考核体系等。重大行动方面，部署实施农村人居环境整治3年行动、打好精准脱贫攻坚战3年行动、产业兴村强县行动等；重大工程方面，部署了大规模推进农村土地整治和高标准农田建设、建设一批重大高效节水灌溉工程、发展现代农作物畜禽水产林木种业等近30项建设规划。

同时，文件对农民关心的关键小事，也作出了全面部署安排。比如，针对农村厕所这个影响农民生活品质的突出短板，部署推进农村"厕所革命"；针对基层反映的上级考核检查名目多、负担重等问题，部署集中清理上级对村级组织的考核评价多、创建达标多、检查督察多等突出问题。

14.中国特色社会主义乡村振兴道路具体是指哪几条道路?

答:七条道路,分别为:重塑城乡关系,走城乡融合发展之路;巩固和完善农村基本经营制度,走共同富裕之路;深化农业供给侧结构性改革,走质量兴农之路;坚持人与自然和谐共生,走乡村绿色发展之路;传承发展提升农耕文明,走乡村文化兴盛之路;创新乡村治理体系,走乡村善治之路;打好精准脱贫攻坚战,走中国特色减贫之路。

15. 乡村振兴的主要要求是哪些？各要求之间是怎样的关系？

答：实施乡村振兴战略的总要求是产业兴旺、生态宜居、乡风文明、治理有效、生活富裕。其中，产业兴旺是重点，乡村振兴，不仅要农业兴，更要百业旺；生态宜居是关键，良好生态环境是农村最大优势和宝贵财富；乡风文明是保障，振兴乡村，必须坚持物质文明和精神文明一起抓，既要"富口袋"，也要"富脑袋"；治理有效是基础，乡村治理是国家治理的基石，必须把夯实基层基础作为固本之策；生活富裕是根本，乡村振兴的出发点和落脚点，是为了让亿万农民生活得更美好。这5句话是一个有机整体，是不可分割的，应注重协同性、关联性、整体性，不能顾此失彼、只抓其一不顾其他。

16. 如何理解乡村全面振兴中的"全面"二字?

答:乡村振兴是与"五位一体"总体布局相契合的全方位振兴。纵观乡村振兴战略的20字总要求,产业、生态、乡风、治理、生活,"五子"登科,协同推进,符合中央"五位一体"总体布局和"四个全面"战略布局的总要求。乡村振兴不仅是经济的振兴,也是生态的振兴、社会的振兴和文化教育科技的振兴,代表了亿万农民的根本利益和共同愿望,涵盖了"三农"工作的方方面面,既融合城乡,又对接"四化",共同构成乡村振兴战略的有机整体。要统筹推进农村经济建设、政治建设、文化建设、社会建设、生态文明建设和党的建设,只有全面理顺乡村振兴战略各个环节的内在关联,激发不同环节的协同效应,我们才能有效推动乡村振兴全方位发展。

17.实施乡村振兴战略有何重要的国际意义?

答:乡村衰败导致的农村病和城市贫民窟问题是全球的共同挑战。从世界各国看,在现代化进程中,乡村必然要经历一场痛苦的蜕变和重生。我国农村发展成就举世瞩目,很多方面都对其他发展中国家具有借鉴意义。例如:农村的赤脚医生,乡镇企业发展,精准扶贫精准脱贫等为全球塑造了典范、提供了中国样本,我们还用占世界不足10%的耕地。6%的水资源,养活了占世界近20%的人口。迄今为止,还没有哪个发展中大国能够完全解决好农业农民农村现代化问题。我国干好乡村振兴事业,本身就是对全球的重大贡献。

18.乡村振兴为什么必须走城乡融合发展之路?

答:健全城乡融合发展的体制机制和政策体系,是站在新的历史方位实现乡村振兴、满足人民日益增长的美好生活需要的客观要求。近年来,党中央、国务院对推进统筹城乡经济社会、城乡发展一体化分别作出重大部署,初步形成工业反哺农业、城市支持乡村的发展框架。但是城乡发展的融合水平不高、城乡二元分割的结构仍然存在。只有建立健全城乡融合发展的体制机制和政策体系,推动城乡规划布局、要素配置、产业发展、公共服务、生态保护等多个方面共同发展,才能承担起新形势下满足农民群众对美好生活需要的功能,推动城市和乡村健康发展。

19. 为什么要健全城乡融合发展的体制机制和政策体系？

答：城镇化和乡村振兴互为支撑、互促共进。城镇化是经济社会发展的必然趋势。我国当前还处于加速城镇化的进程，随着工业化和农业农村现代化的发展，未来还将有大量劳动力涌入城镇。实施乡村振兴战略和城镇化的趋势并不矛盾。推进乡村振兴，要充分利用城镇的资金、技术、人才和先进的管理理念等现代要素，乡村不可能脱离城市而振兴。新型城镇化的发展，也离不开更加文明、现代而富有活力的乡村。经过近40年的改革开放，我国农业农村发展取得了举世瞩目的成就，进入了新的发展阶段，但城乡发展不协调、乡村发展不充分，农村经济、政治、社会、文化和生态文明建设不平衡的问题依然突出。实施乡村振兴战略，必须健全城乡融合发展的体制机制和政策体系，推动各类资源要素在城乡之间自由流动。

推进乡村振兴，要充分利用城镇的资金、技术、人才和先进的管理理念等现代要素，乡村不可能脱离城市而振兴。新型城镇化的发展，也离不开更加文明、现代而富有活力的乡村。

20.实施乡村振兴战略是不是就不要城镇化了?

答:乡村振兴战略与推进城镇化不是非此即彼的关系,推行乡村振兴战略不是说否定城镇化,乡村振兴和城镇化的推进是互相促进、相辅相成的。总体上来讲,中国正处在一个人口向城市集中的阶段,农村人口向城市转移的趋势是不可逆转的,但也应该看到,农村人口持续大规模外流趋势正在放缓。乡村振兴与否,关键看人气。实施乡村振兴战略,就是要防止农村人口过度流失。因此,要坚持乡村振兴与新型城镇化一起抓,两个"轮子"一起转,要处理好"走出去""留下来""引回来"的关系,让进城的进得放心,留乡的留得安心。

21.乡村振兴体制机制建设的重点是什么？

答：当前，乡村振兴战略体制机制建设存在的突出问题是产权制度和要素配置市场化机制不够完善。实施乡村振兴战略，必须以完善产权制度和要素市场化配置为重点，通过改革创新进一步激活市场，更好发挥市场在资源配置中的决定性作用，通过改革创新进一步激活要素，把资金、土地、劳动力等要素以更加合理的方式优化组合，通过改革创新进一步激活主体，推动传统小农、各类新型经营主体、村级集体组织以及外来力量协力发挥作用。乡村振兴体制机制建设的重点是围绕农民所拥有的财产权利和资源要素做文章，让广大农民更好享受改革红利和市场收益。

22.为什么说振兴乡村必须形成强大的合力？

答：乡村振兴是一项前无古人的伟大事业，是一项前景光明的崇高事业，也是一项需要顽强拼搏的奋斗大业，更是一项需要凝聚各方能量形成强大合力、同心同向发力的世纪伟业。如何才能形成共创乡村振兴的强大合力？需要全党全国全社会对乡村振兴战略高度重视、深刻理解、充分发动起来；需要各行各业各地各部门心系乡村，情倾乡村，从各个不同角度鼎力支持乡村。观念上重视：树立"乡村振兴人人有责"的强烈意识，乡村振兴战略绝非单从乡村发展的角度考虑，而是从中华民族伟大复兴的高度制定的国家战略。行动上参与：形成人人参与、人人出力的社会风尚，助力乡村振兴，地不分南北东西，人不分男女老幼，360行都可以从自身角度为之贡献一份力量。理论上指导：切实加强理论指导，以扫除思想误区，少走弯路，夯实乡村振兴实践的智力支撑。舆论上引导：营造助推乡村振兴的良好环境。

乡村振兴是一项前无古人的伟大事业，是一项前景光明的崇高事业，也是一项需要顽强拼搏的奋斗大业，更是一项需要凝聚各方能量形成强大合力、同心同向发力的世纪伟业。

乡村振兴

23. 乡村振兴钱从哪来？

答：实施乡村振兴战略，必须解决钱从哪里来的问题。2018年中央1号文件对此作出具体部署，明确要健全投入保障制度，创新投融资机制，加快形成财政优先保障、金融重点倾斜、社会积极参与的多元投入格局，确保投入力度不断增强、总量持续增加。并从增加财政投入、拓宽资金渠道、提高金融服务水平等方面作出具体部署。具体到实践中的每一个乡村，可能会面临完全不同的资金问题，有的可以通过高标准农田建设等新增耕地指标和城乡建设用地增减挂钩节余指标跨省域调剂获得资金支持，有的可以通过调整完善土地出让收入实施乡村振兴战略。有的可以通过创新金融服务水平拓宽资金来源渠道。有的还可以通过一事一议、以奖代补、投工投劳等方式，吸纳农民参与建设管护。

24.靠什么人来振兴农村？

答：回望历史，中国乡村的每一次激荡，必是人气的大集聚。乡村振兴也必须回答靠什么人来建设的问题。首先，振兴乡村要靠领头带队的省市县乡村"五级书记"。"五级书记"抓振兴，人人都是领头人，既要真抓善抓，还要带着队伍干、督促一起干。其次，振兴乡村要靠生长于斯的亿万乡亲。农民群众生长于亟待振兴的乡村，对这片土地爱得深沉，最清楚要建设一个什么样的乡村，最憧憬尽快建成怎样的乡村。振兴乡村过程中不仅不能忽视乡亲们，而且要更多依靠他们。再次，振兴乡村要靠"一懂两爱"的"三农"人。要加强三农工作队伍的培养、配备、管理、使用，形成人才向农村基层一线流动的用人导向，让"三农"工作者在农村广阔田地里淬火磨练、快速成长。最后，振兴乡村要靠创业创新的新农人。迅速壮大的新型经营主体和新农民群体，是农村产业兴旺的重要促进力量。

25.为乡村聚"人气"有哪些抓手?

答:要制定有效激励机制,以"乡情""乡愁"为纽带,吸引并支持企业家、专家学者、医生教师、技能人才等,通过下乡担任志愿者、投资兴业、行医办学、捐资捐物等方式回馈乡村;要发挥党政机关、工会、共青团、妇联、科协等组织的优势和力量,发挥各民主党派、工商联、无党派人士等的积极作用,吸引各行各业人士投身乡村振兴运动;要研究制定管理办法,鼓励或支持各方人士回乡下乡任职、创业,投身乡村振兴运动;要确保对乡村振兴敢于建言、勇于投入、乐于奉献的各行各业人士在政治上有荣誉、经济上不吃亏,形成以参与乡村振兴实践为荣的社会风尚。

26. 乡村振兴为什么不能单兵突进?

答:乡村振兴是全面的振兴。产业兴旺是根本,生态宜居是基础,乡风文明是关键,治理有效是保障,生活富裕是目标,共同构成新时代乡村振兴的五位一体。偏废任何一方,都可能影响总体振兴进程。就像学生考试不能偏科一样,乡村振兴要"五子登科",不能单兵突进。

27.为什么说乡村振兴必须蹄疾步稳?

答:乡村振兴是一项长期历史任务,要循序渐进,稳扎稳打。我们在开展乡村建设时,一定要立足国情农情,不做超越发展阶段的事,不要贪多求快,搞大拆大建,一阵风;我们在致力改善群众生活时,一定要考虑主客观条件,有多少米做多少饭,不搞无原则的空头支票,不能不切实际地吊群众胃口;我们在为乡村搞产业和招商引资时,不能一味拼速度,盲目上项目,来者不拒,防止城市污染企业向农村转移;我们在发展农村新产业新业态时,一定要把虚拟经济建立在实体经济基础之上,谨防脱实向虚,冲击农村实体产业。新时代乡村振兴,既要积极作为,尽力而为,又要量力而行,久久为功。只有汇小溪成大海,积小胜成大胜,才能实现乡村振兴高质量的发展。

28.乡村振兴为什么要量体裁衣，不能搞"一刀切"？

答："百里不同风，十里不同俗。"我国幅员辽阔，生态多样，不同地区乡村面貌差异较大。新时代乡村振兴，要因地制宜，分类施策。我们在强调规划先行、统一部署时，也要科学把握乡村的多样性、差异性、区域性，不搞"千篇一律"的标准化作业；我们在学习借鉴其他地区乡村建设经验时，不能贪图省力，照搬照抄已有现有模式，致使乡村景观单一化、城镇化、西洋化。我国农情村情复杂，不同的种子要找到各自适合的土壤。经济条件好的农村要突出现代化气息，自然生态好的农村要守护好青山绿水，历史文化丰富的农村要注重对历史遗产的挖掘和保护，生存环境恶劣的农村则要实施生态移民搬迁。新时代乡村振兴，要注重区域特色，尊重文化差异，才能让各具特色的现代版"富春山居图"浮现于广袤的乡野大地，才能实现乡村振兴多样性发展。

二、产业兴旺篇

29. 如何理解产业兴旺的内涵？

　　答：乡村振兴，产业兴旺是重点。产业发展是激发乡村活力的基础所在，不仅要农业兴，更要百业旺。五谷丰登、六畜兴旺、三产深度融合，是乡村振兴的重要标志。要坚持质量兴农、绿色兴农，以农业供给侧结构性改革为主线，夯实农业生产能力基础，加快构建现代农业产业体系、生产体系、经营体系，建立健全农村一、二、三产业融合发展体系，统筹兼顾培育新型农业经营主体和扶持小农户，促进小农户和现代农业发展有机衔接，优化农业资源配置，着力促进农业节本增效，提高农业创新力、竞争力和全要素生产率。要充分挖掘乡村多种功能和价值，大力发展农村新产业新业态，鼓励在乡村地区兴办环境友好型企业。培育农业农村发展新动能，统筹利用国内国际两个资源、两个市场。

五谷丰登、六畜兴旺、三产深度融合，是乡村振兴的重要标志。

30.如何夯实农业生产能力基础?

答:深入实施藏粮于地、藏粮于技战略,严守耕地红线,确保国家粮食安全。全面落实永久基本农田特殊保护制度,加快划定和建设粮食生产功能区、重要农产品生产保护区,完善支持政策。大规模推进农村土地整治和高标准农田建设,稳步提升耕地质量。加强农田水利建设。实施国家农业节水行动,加快灌区续建配套与现代化改造,推进小型农田水利设施达标提质。加快建设国家农业科技创新体系。深化农业科技成果转化和推广应用改革。加快发展现代农作物、畜禽、水产、林木种业。推进我国农机装备产业转型升级,加强科研机构、设备制造企业联合攻关。优化农业从业者结构,加快建设知识型、技能型、创新型农业经营者队伍。大力发展数字农业。

31.怎样构建农村一、二、三产业融合发展体系?

答:大力开发农业多种功能,通过保底分红、股份合作、利润返还等多种形式,让农民合理分享全产业链增值收益。实施农产品加工业提升行动,鼓励企业兼并重组,淘汰落后产能,支持主产区农产品就地加工转化增值。加强农产品产后分级、包装、营销,建设现代化农产品冷链仓储物流体系,打造农产品销售公共服务平台,支持供销、邮政及各类企业把服务网点延伸到乡村,健全农产品产销稳定衔接机制,大力建设具有广泛性的促进农村电子商务发展的基础设施,鼓励支持各类市场主体创新发展基于互联网的新型农业产业模式,深入实施电子商务进农村综合示范。实施休闲农业和乡村旅游精品工程,发展乡村共享经济、创意农业、特色文化产业。

第一产业 第二产业 第三产业

构建农村产业融合发展体系

32.怎样利用好农业多功能性，发展农村新产业新业态？

答：一方面，加强统筹规划，推进农业与旅游、教育、文化、健康养老等产业深度融合，积极发展多种形式的农家乐，建设一批具有历史、地域、民族特点的特色旅游村镇和乡村旅游示范村，有序发展新型乡村旅游休闲产品，鼓励有条件的地区发展智慧乡村游，提高在线营销能力。另一方面，推进现代信息技术应用于农业生产、经营、管理和服务，大力发展农产品电子商务，完善配送及综合服务网络，推动科技、人文等元素融入农业，发展农田艺术景观、阳台农艺等创意农业，鼓励发展农业生产租赁业务，积极探索农产品个性化定制服务、会展农业、农业众筹等新型业态。

33.怎样推进农业高质量发展？

答：推进农业绿色化、优质化、特色化、品牌化，调整优化农业生产力布局。推进特色农产品优势区创建，建设现代农业产业园、农业科技园。推行标准化生产，培育农产品品牌，打造一村一品、一县一业发展新格局。加快发展现代高效林业，推进森林生态标志产品建设工程。加强植物病虫害、动物疫病防控体系建设。优化养殖业空间布局，大力发展绿色生态健康养殖。统筹海洋渔业资源开发，建设现代化海洋牧场。建立产学研融合的农业科技创新联盟，加强农业绿色生态、提质增效技术研发应用。完善农产品质量和食品安全标准体系，加强农业投入品和农产品质量安全追溯体系建设，健全农产品质量和食品安全监管体制。

34. 何谓农业生产性服务业？可以满足农户哪些方面的需求？

答：农业生产性服务业有广义和狭义之分。广义的农业生产性服务业跨度从田间到餐桌，是指为贯穿于农产品生产到食品进入老百姓餐桌全过程的生产经营提供服务的行为。而狭义的农业生产性服务业集中于农产品的生产过程，是指为从种到收的农业生产作业提供全部或部分生产经营服务的活动。可以将农业生产性服务业概括为为农民从事农业生产经营提供方便、农民省心省钱省力气的产业。简而言之，通过服务，满足农户四方面的需求：一是要省力。耕种防收太累人，要用机器代替人，让农民生产经营省力气。二是要省钱。个人分散购买化肥农药量少，价格高；农户自购农机，使用不经济、利用不充分。集中采购、集中作业，帮助农民更省钱。三是要省心。马克思在《资本论》中曾说过，从商品到货币是一次惊险的跳跃。产出的产品能否卖出、能不能卖好价钱，这是农民最关心最在意的。服务组织提供销售服务，帮助农民省心地卖出好价钱。四是要赚钱。通过服务，帮助农民实现节本增收，服务需求方省了钱，服务供给方也通过提供服务赚了钱。

35. 从近期看，农业生产性服务业要聚焦哪些方面？

答：要聚焦帮助普通农户和新型农业经营主体，提供五个方面的服务。

一是农业市场信息服务。围绕农户生产经营决策需要，健

农业生产性服务业
提供以下服务

一是农业市场信息服务
二是农资供应服务
三是农业技术服务
四是农机作业服务
五是农产品营销服务

全市场信息采集、分析和发布的服务体系，用市场信息引导农户按市场需求调整安排生产经营活动，规避市场风险，帮助农户提升对市场的判断和预期能力。

二是农资供应服务。为农民选用种子、购买化肥农药提供服务，特别是提供生产资料的连锁经营、集中配送服务，帮助农民节约生产开支。

三是农业技术服务。鼓励各类服务组织开展不同作业环节的技术指导，帮助农户提高生产经营效益，实现绿色发展。

四是农机作业服务。这是当前农业生产性服务业的重点。要促进农机作业服务由种植业向其他产业延伸，由田间作业向产前、产后拓展，形成总量适宜、布局合理、经济便捷、专业高效的农机服务新格局。

五是农产品营销服务。要帮助农户把产品卖得出去，同时要卖出好价钱。既要重视传统的营销渠道，又要注重运用各种新平台、展会、嘉年华，线上线下开辟新的空间格局，实现产销有机衔接。

当前农业生产性服务业要特别关注绿色生产技术、废弃物资源化利用、品牌塑造、市场营销方面的服务功能开发和拓展。

36. 如何引导农业生产性服务业健康发展?

答:发展农业生产性服务业,要着眼满足普通农户和新型经营主体的生产经营需要,立足服务农业生产产前、产中、产后全过程,充分发挥公益性服务机构的引领带动作用,重点发展农业经营性服务,包括农业市场信息服务、农资供应服务、农业绿色生产技术服务、农业废弃物资源化利用服务、农机作业及维修服务、农产品初加工服务、农产品营销服务等。大力培育服务组织,推动服务主体联合融合发展,推进专项服务与综合服务协调发展,推广农业生产托管,探索创新农业技术推广服务机制。

37.怎样破解农村产业发展资金短缺问题？

答：继续推进农村金融机构创新、产品创新、服务创新。健全投入保障制度，创新投融资机制，加快形成财政优先保障、金融重点倾斜、社会积极参与的多元投入格局。建立健全实施乡村振兴战略财政投入保障制度，优化财政供给结构，撬动金融和社会资本更多投向乡村，发行一般债券用于支持乡村振兴、脱贫攻坚领域的公益性项目；调整完善土地出让收入使用范围，进一步提高农业农村投入比例，严格控制未利用地开垦，改进耕地占补平衡管理办法；坚持农村金融改革发展的正确方向，健全适合农业农村特点的农村金融体系，推动农村金融机构回归本源，把更多金融资源配置到农村经济社会发展的重点领域和薄弱环节，更好地满足乡村振兴多样化金融需求。

38.大力培育农业新型经营主体应注意什么?

答:一是要发挥新型农业经营主体对普通农户的辐射带动作用,推进家庭经营、集体经营、合作经营、企业经营共同发展。

二是要运用市场的办法推进生产要素向新型农业经营主体优化配置,发挥政策引导作用,优化存量、倾斜增量,撬动更多社会资本投向农业,既扶优扶强、又不"垒大户",既积极支持、又不搞"大呼隆",为新型农业经营主体发展创造公平的市场环境。

三是要充分发挥农民首创精神,不断创新经营组织形式,重点支持新型农业经营主体发展绿色农业、生态农业、循环农业,率先实施标准化生产、品牌化营销、一、二、三产业融合。

39. 如何加强农产品品牌建设？

答：立足精致发展，全产业链设计品牌战略，通过品牌建设倒逼农业产业链各个环节升级改造；立足精管细作，建立绿色生产体系，大力推广绿色生产技术，把农业产前、产中、产后各环节纳入标准化生产和数字化管理轨道；立足跨界融合，建立龙头型产业体系，通过一、二、三产融合扩大品牌农产品组合，推动产业增值升级；立足于深耕市场，建立高效营销体系，与互联网深度融合，加快推动定制农业、现代营销体系和质量管理精准发展；注重培育农业品牌文化，挖掘品牌背后的故事，提升品牌美誉度。

立足精致发展，立足精管细作，立足跨界融合，立足于深耕市场，注重培育农业品牌文化

农产品品牌建设

40.如何确保"舌尖上的安全"？

答：坚持质量兴农，实施农业标准化战略，健全农产品质量和食品安全标准体系。支持新型农业经营主体申请"三品一标"认证。引导企业争取国际有机农产品认证。切实加强产地环境保护和源头治理，推行农业良好生产规范，推广生产记录台账制度，严格执行农业投入品生产销售使用有关规定。深入开展农兽药残留超标特别是养殖业滥用抗生素治理，严厉打击违禁超限量使用农兽药、非法添加和超范围超限量使用食品添加剂等行为。健全农产品质量和食品安全监管体制，强化风险分级管理和属地责任，加大抽检监测力度。建立全程可追溯、互联共享的追溯监管综合服务平台。鼓励生产经营主体投保食品安全责任险。

41.如何加强农产品流通体系建设?

答：统筹规划农产品市场流通网络布局，重点支持重要农产品集散地、优势农产品产地批发市场建设，加强农产品期货市场建设。实施粮食收储供应安全保障工程，加强粮油仓储物流设施建设，发展农产品低温仓储、分级包装、电子结算。健全覆盖农产品收集、存储、加工、运输、销售等各环节的冷链物流体系。加快培育现代流通方式和新型流通业态，大力发展快捷高效配送。积极推进"农批对接""农超对接"等多种形式的产销衔接，加快发展农产品电子商务，降低流通费用，强化农产品商标和地理标志保护。

42.发展田园综合体需要注意些什么?

答：田园综合体建设应以市场为导向，吸引更多的社会资本投向农业农村，探索多种建设形式，避免一哄而上，大拆大建，并根植乡土，依托乡村自然文化景观，进行适度和本土化改造，应尊重农民意愿，让农民充分参与并受益。田园综合体建设要以农村现有的产业为基础，进行优化升级，给当地农民提供充分的就业及创业的机会和空间；要用历史和发展的眼光保护乡村里的特色民居、遗址以及非物质文化遗产等，防止过度设计、过度改造和过度开发；要建立有效的利益联结机制，防止本地居民在产业发展和利益分享中被"挤出"，集体资产被外来资本控制。

43.怎样建设现代农业产业园？

答：以规模化种养基地为基础，依托农业产业化龙头企业带动，聚集现代生产要素，建设"生产＋加工＋科技"的现代农业产业园。科学制定产业园规划，统筹布局生产、加工、物流、研发、示范、服务等功能板块。统筹使用高标准农田建设、农业综合开发、现代农业生产发展等相关项目资金，集中建设产业园基础设施和配套服务体系。吸引龙头企业和科研机构建设运营产业园，发展设施农业、精准农业、精深加工、现代营销，带动新型农业经营主体和农户专业化、标准化、集约化生产。鼓励农户和返乡下乡人员通过订单农业、股份合作、入园创业就业等多种方式，参与建设，分享收益。

科学制定产业园规划；统筹使用相关项目资金；吸引龙头企业和科研机构建设运营产业园；鼓励农户和返乡人员参与建设，分享收益。

44. 如何巩固粮食生产能力?

　　答：深入实施藏粮于地、藏粮于技战略；严守耕地红线，严格落实高标准农田建设等新增耕地指标和城乡建设用地增减挂钩节余指标跨省调剂政策，加强补充耕地质量验收，防止占优补劣，以次充好；充分调动农民务农种粮和地方政府重农抓粮的积极性，确保国家粮食安全，把中国人的饭碗牢牢端在自己手中。划定粮食生产功能区，全面落实永久基本农田特殊保护制度，继续推进高标准农田建设，确保粮食面积稳定、产能稳定，做到结构调整和粮食生产"两手抓两手硬"。

45.如何提高设施农业发展水平?

答:实施园艺产品提质增效工程,推动设施装备升级、优良品种推广、技术集成创新。加强设施蔬菜连作障碍综合治理,推广轮作倒茬、深翻改土、高温闷棚、增施有机肥等技术,改善产地环境。引导优势区加快老果茶园改造,集成推广优质果树无病毒良种苗木和茶树无性系良种苗木。集中打造一批设施标准、管理规范、特色鲜明的中药材生产基地。加快实施马铃薯主食开发,完善主食产品配方及工艺流程。

46.如何推进城乡产业融合发展?

答:城乡产业要分工合理。应将资源型产品开发、农业初级产品加工和一些劳动密集型产业更多地布局到广大农村,从而降低生产成本、增加农村就业机会,活跃农村经济。农村产业要全面发展,加强农村生产设施建设,提高科技水平,培育产业主体,鼓励采用先进生产方式、组织形式,推进农村一、二、三产业融合,加快培育新业态新动能。建立健全引导城市产业、消费、要素向农村流动的政策体系,推动城乡互动、产业融合。

47.怎样解决农村发展缺少人才的问题?

答：一是大力培育本土人才。大力培育新型职业农民和新型农业经营主体，完善政策挖掘扶持乡土人才，加强对本地农村基层干部的选拔，培养一批农村干部、农业职业经理人、经纪人、乡村工匠、文化能人、非遗传承人等；二是筑巢引凤聚天下人才。制定人才返乡下乡政策，实施好"三支一扶"（支教、支农、支医和扶贫）、特岗教师计划等，吸引支持企业家、党政干部、专家学者、医生教师、规划师、建筑师、律师、技能人才等，通过下乡投资兴业、行医办学、捐资捐物、法律服务等方式服务农村发展。

48.引导工商资本投资农业农村应注意哪些问题？

答：工商资本是乡村建设的重要力量，但是在实践中如果用不好也可能会侵害农民利益。工商资本力量像一把双刃剑，在乡村振兴过程中，必须采取有效措施，防止、规避工商资本下乡的不利影响，发挥工商企业的积极作用。乡村振兴利用好工商资本，关键要坚持以下原则：一是法治，严格按照法律规章制度办事；二是充分做好群众工作，防止越俎代庖；三是构建"亲乡亲、有利润、可持续"的工商资本参与乡村振兴的合作关系。一方面，鼓励工商资本重点发展资本、技术密集型产业，从事农产品加工流通和农业社会化服务，把现代经营理念和产业组织方式引入农业，推动传统农业加速向现代农业转型升级，优化要素资源配置，促进一、二、三产业融合发展。另一方面，限制工商资本长时间、大面积租赁农地，严禁通过下指标、定任务等方式强迫农户流转农地，禁止擅自改变农地用途、严重破坏或污染租赁农地等违法违规行为。

49. 支持农民创业创新有哪些新思路？

答：加强对农民工等人员返乡创业培训，支持返乡创业园、返乡创业孵化园、信息服务平台、实训基地和乡村旅游创客示范基地建设。深入推行科技特派员制度。大力发展农产品电子商务，提高农村物流水平。提升休闲农业和乡村旅游发展质量，改善公共服务设施条件。推动科技、人文等元素融入农业，积极探索农产品个性化定制服务、会展农业、农业众筹等新型业态。挖掘农村传统工匠技艺，发展一乡一业、一村一品，培育乡村手工艺品和农村土特产品牌。强化政策倾斜，加大对"三农"金融服务的政策支持，重点支持发展农户小额贷款、新型农业经营主体贷款、种养业贷款等。

返乡创业政策

加强对农民工等人员返乡创业培训，支持返乡创业园、返乡创业孵化园……

50.农业供给侧结构性改革的内涵是什么?

答：推进农业供给侧结构性改革，关键词是"农业供给侧
+结构性+改革"，内涵就是在农业的供给侧，通过改革的办法
推进结构调整，提高供给质量，达到与需求侧相适应的新水平。
基础是确保国家粮食安全，主要目标是增加农民收入、保障有
效供给，最终要促进农业农村发展由过度依赖资源消耗、主要
满足"量"的需求向追求绿色生态可持续、更加注重满足"质"
的需求转变。具体做法一是着眼于产品，要降成本增效益、适
应消费需求；二是着眼于产业，要实现绿色发展、可持续发展；
三是着眼于主体，要培育各类新型经营主体、提升人力资本。

通过改革推进结构调整，提高供给质量，达到与需求侧相适应的新水平。

51.农业供给侧结构性改革的着力点是什么?

答:推进农业供给侧结构性改革,根本途径在于体制改革和机制创新,重要举措是优化农业产业体系、生产体系、经营体系。产业体系聚焦于农业各产业的健康可持续发展,主要涉及"生产哪些产品"和"表现哪些功能",彰显现代农业发展的产业格局和总体架构。生产体系聚焦于产品及生产能力,主要涉及"生产什么样的产品"和"生产条件如何",反映现代农业发展的最终成果和物质基础。经营体系聚焦于主体及其经营方式,事关"谁来生产"和"怎么组织生产",是现代农业发展的体制机制保障和组织支撑。产业体系和生产体系属于生产力范畴,经营体系属于生产关系范畴,三大体系是一个有机整体,彼此联结、互为依托、互相促进,共同影响现代农业的供给总量、结构、质量和效率,是供给侧结构性改革的重要着力点。

52.如何推进农业结构调整?

答:调整优化农业产业产品结构,推进农牧(农林、农渔)结合、循环发展,加快发展特色农业。完善粮改饲、粮豆轮作补助政策。建设现代饲草料产业体系,合理布局畜禽、水产养殖,推进标准化、规模化生产。加强海洋牧场建设。积极发展木本粮油、林下经济等。加快推广节水、节肥、节药技术设备,深入开展主要农作物生产全程机械化推进行动。支持农业废弃物资源化利用,吸引社会资本进行市场化运营。推进农业标准化生产、品牌化营销,支持新型农业经营主体发展"三品一标"(无公害农产品、绿色食品、有机农产品和农产品地理标志)农产品,积极培育知名农业品牌,形成优质优价的正向激励机制。

农业结构调整

推进农牧(农林、农渔)结合、循环发展,调整优化农业种养结构,加快发展特色农业

推进农业标准化生产、品牌化营销,支持新型农业经营主体发展"三品一标"农产品

53. 稻谷、小麦为什么降价?

答:稻谷、小麦最低收购价价格下调是深化农产品收储制度和价格形成机制改革的重要内容。之所以要降价,是因为长期以来我国稻谷和小麦价格远远高于国际市场价格,这不仅不利于稻谷和小麦粮食经济整个产业链条的健康发展,而且从长远看也难以持续。从国内外稻谷和小麦的价格比较看,我国稻谷和小麦市场价格还有下降的空间,但是改革同时要考虑国家粮食安全、农民收入、农业生产效率等多方面因素,此外在改革过程中还会通过生产者补贴以及农业支持保护制度,缓解价格下调对农民收入的影响。

54.如何完善普通农户与新型农业经营主体的利益联结机制?

答:引导龙头企业创办或入股合作组织,支持农民合作社入股或兴办龙头企业,发展农业产业化经营联合体。创新发展订单农业,支持龙头企业为农户提供贷款担保和技术服务,资助农户参加保险。探索建立新型农民合作社管理体系,拓展合作领域和服务内容。鼓励大型粮油加工企业与农户以供应链融资等方式结成更紧密的利益共同体。以土地、林地为基础的各种形式合作,凡是享受财政投入或政策支持的承包经营者均应成为股东,并采取"保底收益+按股分红"等形式,让农户分享加工、销售环节收益。

55.为什么必须呵护小农户，不能一味垒大户？

答：相当长的时期内，在我国农业经营中小规模的兼业农户仍然会占大多数，仍将是我国农业生产经营的主要形式。可以说，没有小农户的现代化就不可能有中国农业农村现代化。小农户不仅是农业经济的基本单元，也是传统农耕文明的重要载体，在我国经济社会发展中发挥着"稳定器"的作用。因此，新时代乡村振兴，绝不能抛弃小农、遗忘小农户、剥夺小农户的权利，更不能一味垒大户、造盆景。要谨防国家公共投入过度流向大户，防止农村产生新的贫富悬殊。在积极引导工商资本下乡时，要防止"要老板，不要老乡"的"傍大款"行为，要注意防止工商资本对普通小农利益的挤压和对农村资源的掠夺。

56.怎样带动小农户发展现代农业?

答:统筹兼顾培育新型农业经营主体和扶持小农户,采取有针对性的措施,把小农生产引入现代农业发展轨道。培育各类专业化市场化服务组织,推进农业生产全程社会化服务,帮助小农户节本增效。发展多样化的联合与合作,提升小农户组织化程度。注重发挥新型农业经营主体带动作用,打造区域公用品牌,开展农超对接、农社对接,帮助小农户对接市场。扶持小农户发展生态农业、设施农业、体验农业、定制农业,提高产品档次和附加值,拓展增收空间。改善小农户生产设施条件,提升小农户抗风险能力。研究制定扶持小农生产的政策意见。

三、生态宜居篇

57.如何理解生态宜居与乡村振兴的关系？

答：乡村振兴，生态宜居是关键。良好的生态环境是农村最大优势和宝贵财富。美丽中国，要靠美丽乡村打底色。要牢固树立和践行绿水青山就是金山银山的理念，落实节约优先、保护优先、自然恢复为主的方针，统筹山水林田湖草系统治理，加强农村突出环境问题综合治理，严守生态保护红线，增加农业生态产品供给，提高农业生态服务能力，推动乡村自然资本加快增值，让老百姓种下的"常青树"真正变成"摇钱树"，让更多的老百姓吃上"生态饭"，让绿水青山真正成为兴村富民的金山银山。

58.如何正确认识乡村环境保护与经济发展的关系？

答：二者不是非此即彼，应是和谐共促的关系。一方面，发展乡村经济不能以牺牲生态环境为代价，掠夺式、破坏式发展最终会导致经济发展的不可持续；另一方面，良好生态环境是农村最大优势和宝贵财富，尊重自然、顺应自然、保护自然，进行合理开发，推动乡村自然资本加快增值，绿水青山的环境优势会转化为金山银山的经济优势。只有将二者统一起来，才能实现百姓富、生态美的统一。

59.怎样加强农村突出环境问题综合治理?

答:加强农业面源污染防治,开展农业绿色发展行动,实现投入品减量化、生产清洁化、废弃物资源化、产业模式生态化。推进有机肥替代化肥、畜禽粪污处理、农作物秸秆综合利用、废弃农膜回收、病虫害绿色防控。加强农村水环境治理和农村饮用水水源保护,实施农村生态清洁小流域建设。推进重金属污染耕地防控和修复。实施流域环境和近岸海域综合治理。严禁工业和城镇污染向农业农村转移。加强农村环境监管能力建设,让农村成为安居乐业的美丽家园。

加强农业面源污染防治,加强农村水环境治理和饮用水源保护,加强农村环境监管能力建设。

60.应从哪些方面改善农村基本生活条件?

答:加快推进农村危房改造,建立健全农村基本住房安全保障长效机制。加强农房建设质量安全监管,做好农村建筑工匠培训和管理,落实农房抗震安全基本要求,提升农房节能性能。继续推进农村饮用水安全工程,因地制宜推行城乡区域供水。实施村内道路硬化工程,基本解决村民行路难问题。大力推进水电新农村电气化县建设,实施新一轮农村电网升级改造工程,促进可再生能源供电,全面解决不通电农村居民用电问题。加强地质灾害防治,完善消防、防洪等防灾减灾设施。

61.改善农村人居环境应注意哪些问题？

答：按照农村人居环境治理的阶段性规律，立足现有条件和财力可能，区分轻重缓急，优先安排保障农民基本生活条件的项目，有序推进农村人居环境治理，防止大拆大建。逐步实现城乡基本公共服务均等化，推进城乡互补，协调发展。慎砍树、禁挖山、不填湖、少拆房，保护乡情美景，弘扬传统文化，突出农村特色和田园风貌。尊重农民意愿，方便生产生活，与促进农民创业就业和增收相结合，不搞形象工程，要让农村好看，更要宜居。广泛动员农民参与项目组织实施，保障农民决策权、参与权和监督权，防止政府大包大揽，不得强制执行或变相摊派任务。

改善农村人居环境，应该做到区分轻重缓急，有序推进农村人居环境治理，防止大拆大建；突出农村特色和田园风貌；尊重农民意愿等。

62.改善农村人居环境需要开展哪些工作?

答:实施农村人居环境整治三年行动计划,以农村垃圾、污水治理和村容村貌提升为主攻方向,整合各种资源,强化各种举措,稳步有序推进农村人居环境突出问题治理。坚持不懈地推进农村"厕所革命",总结推广适用不同地区的农村污水治理模式。深入推进农村环境综合整治。逐步建立农村低收入群体安全住房保障机制。强化新建农房规划管控,加强"空心村"服务管理和改造。保护保留乡村风貌,开展田园建筑示范,培养乡村传统建筑名匠。实施乡村绿化行动,全面保护古树名木。持续推进宜居宜业的美丽乡村建设。

63.农村人居环境整治怎样在城乡一体化思路下推进?

答:一要在规划上推进。通过县域乡村建设规划,实现县乡土地利用总体规划、土地整治规划、土地利用规划、农村社区建设规划等充分衔接;二要在基础设施上推进。加快推进通村组道路、入户道路建设,大力推进厕所革命,城镇污水管网向周边村庄延伸覆盖等;三要在运行机制上推进。深入开展城乡环境卫生整治行动,建立健全符合农村实际,城乡垃圾污水处理统一规划、统一建设、统一运行、统一管理的体系,建立健全专业化、市场化建设和运行管护机制。

64.如何建立健全农村人居环境长效管护机制?

答:要建立村庄道路、供排水、垃圾和污水处理、沼气、河道等公用设施的长效管护制度,逐步实现城乡管理一体化。培育市场化的专业管护队伍,提高管护人员素质。加强基层管理能力建设,逐步将村镇规划建设、环境保护、河道管护等管理责任落实到人。

65.农村垃圾怎么治理?

答:农村垃圾治理要全面推进,不留死角,坚决防止搞形象工程、做表面文章。要一抓到底,逐步建立农村垃圾长效治理机制,确保取得实效,防止"走过场""一阵风"。因地制宜建立"村收集、镇转运、县处理"的模式,建立村庄保洁制度,选择符合农村实际和环保要求、成熟可靠的终端处理工艺,推行卫生化的填埋、焚烧、堆肥或沼气处理等方式,推进农业生产废弃物资源化利用,禁止露天焚烧垃圾,规范处置农村工业固体废物,全面排查、摸清陈年垃圾存量、分布和污染情况,尽快完成陈年垃圾清理任务,有效治理农业生产生活垃圾、建筑垃圾、农村工业垃圾等。

全面推进农村垃圾治理。

66.怎样保护农业资源?

答：大力实施耕地质量保护与提升行动，强化土壤污染管控和修复，开展耕地土壤环境质量类别划分试点，划定农产品禁止生产区。推进轮作休耕试点规模扩大和深松深耕整地面积扩大。深入开展大美草原守护行动，组织实施新一轮草原资源清查，落实和完善草原生态保护补助奖励政策，推进退牧还草、退耕还林还草等重大生态工程建设，严厉打击破坏草原的违法行为。推广节水小麦品种和水肥一体化等高效节水技术。建立完善耕地等重要农业资源台账制度。

67.如何实现农业投入品减量化?

答:深入实施化肥、农药使用量零增长行动,加快高效缓释肥料、水溶性肥料、低毒低残留农药推广运用。开展有机肥替代化肥试点,集中连片、整体推进,积极探索有机肥大面积推广使用的有效途径。开展果菜茶病虫全程绿色防控试点,推广绿色防控技术。组织开展兽用抗菌药减量使用示范创建。通过政府购买服务等形式,支持新型经营主体、社会化服务组织、国有农场开展化肥统配统施、病虫统防统治等服务。

深入实施化肥、农药使用量零增长行动,加快高效缓释肥料、水溶肥料、低毒低残留农药推广运用。

68.如何推进农业废弃物资源化利用？

答：开展畜牧业绿色发展示范县和现代化示范牧场创建活动，合理布局畜禽养殖，推进种养结合、农牧循环发展。推动落实沼气发电上网、生物天然气并网政策，推进沼渣沼液有机肥利用，打通种养循环通道。开展秸秆综合利用试点，推广"秸秆农用十大模式"和秸秆打捆直燃集中供热等技术。开展农膜回收，加快推进加厚地膜推广应用，对生产和使用不符合标准的地膜，政策上不予支持。

| 沼气池 | 推动落实沼气发电 | 合理布局畜禽养殖 | 开展秸秆综合利用试点 | 开展农膜回收 |

69.怎样建立市场化多元化生态补偿机制?

答:落实农业功能区制度,加大重点生态功能区转移支付力度,完善生态保护成效与资金分配挂钩的激励约束机制。在重点生态区位推行商品林赎买制度。健全地区间、流域上下游之间横向生态保护补偿机制,探索建立生态产品购买、森林碳汇等市场化补偿制度。推行生态建设和保护以工代赈做法,提供更多生态公益岗位。

70.如何保护和提升耕地质量?

答:一是改良土壤。针对耕地土壤障碍因素,治理水土侵蚀,改良酸化、盐渍化土壤,改善土壤理化性状,改进耕作方式。二是培肥地力。通过增施有机肥,实施秸秆还田,开展测土配方施肥,提高土壤有机质含量、平衡土壤养分,通过粮豆轮作套作、固氮肥田、种植绿肥,实现用地与养地结合,持续提升土壤肥力。三是保水保肥。通过耕作层深松耕,打破犁底层,加深耕作层,推广保护性耕作,增强耕地保水保肥能力。四是控污修复。控施化肥农药,减少不合理投入数量,阻控重金属和有机物污染,控制农膜残留。

提升耕地质量

一是改良土壤,二是培肥地力,三是保水保肥,四是控污修复。

71.如何发展节水农业，保护农业用水安全？

答：实施国家农业节水行动。实施水资源红线管理，确立水资源开发利用控制红线；确立用水效率控制红线。推进地表水过度利用和地下水超采区综合治理，适度退减灌溉面积。推广节水灌溉。分区域规模化推进高效节水灌溉，加快农业高效节水体系建设。发展节水农业，加大粮食主产区、严重缺水区和生态脆弱地区的节水灌溉工程建设力度。发展雨养农业。半干旱、半湿润偏旱区建设农田集雨、集雨窖等设施，推广地膜覆盖技术，开展粮草轮作、带状种植，推进种养结合。在水土流失易发地区，扩大保护性耕作面积。

72.农作物秸秆应该怎么处理?

答:要以秸秆综合利用代替过去的就地焚烧。坚持秸秆综合利用与农业生产相结合,在满足农业和畜牧业需求的基础上,抓好新技术、新装备、新工艺的示范推广,合理引导秸秆肥料化、饲料化、能源化、基料化、原料化等综合利用方式,推动秸秆利用向多元循环方向发展。

四、乡风文明篇

73.乡风文明对于乡村振兴的意义是什么？

答：乡村振兴，乡风文明是保障。伴随着城市化快速推进和城市文明的扩张，传统乡村文化被忽视、破坏和取代的情况时有发生，一些地方乡村传统生活形态、社会关系日趋淡泊，乡村文化日渐荒芜。全面振兴乡村，必须坚持物质文明和精神文明一起抓，既要"富口袋"，也要"富脑袋"，提升农民精神风貌，培育文明乡风、良好家风、淳朴民风，不断提高乡村社会文明程度。从文化视角观察，"全面塑造淳朴文明的良好乡风，用好传统文化在农村底蕴深厚、流传久远的优势，倡导现代文明理念的生活方式"是内嵌于"乡村振兴战略"总要求的重要内容，也是广大农民对美好生活的向往和期盼。

74. 如何理解新时代乡风文明建设的内涵？

答：新时代乡风文明建设的内涵包括：

一是要加强农村思想道德建设。以社会主义核心价值观为引领，坚持教育引导、实践养成、制度保障三管齐下，采取符合农村特点的有效方式，深化中国特色社会主义和中国梦宣传教育，大力弘扬民族精神和时代精神。

二是要传承发展提升农村优秀传统文化。立足乡村文明，吸取城市文明及外来文化优秀成果，在保护传承的基础上，创造性转化、创新性发展，不断赋予时代内涵、丰富表现形式。

三是要加强农村公共文化建设。按照有标准、有网络、有内容、有人才的要求，健全乡村公共文化服务体系。

四是要开展移风易俗行动。广泛开展文明村镇、星级文明户、文明家庭等群众性精神文明创建活动。

75.乡村振兴中，应如何定义农村优秀传统文化的时代价值？

答：农村优秀传统文化中蕴含的特有精神价值、思维方式、想象力和文化意识，是维护我国文化身份和文化主权的基本依据。这些生生不息的民族精神情感和个性特征以及自强不息的民族凝聚力和亲和力，是维系中华民族情感的重要纽带与建设先进文化的丰富精神资源和深厚文化根基。保护乡村优秀传统文化并非将原有的东西当作"活化石"摆在博物馆里展览，也不是把旧的民俗现象简单地搬到现代生活中重演，而是要在深层挖掘的基础上，进行文化创新和艺术创新，实现有序利用和可持续发展，并赋予其经济意义，实现文化遗产保护与利用的双赢。

76.应继承、吸收、创新哪些传统乡村文化?

答:农村优秀传统文化往往表现为各种民间文化,其范围包括存在于民间的物质文化、社会文化、精神文化和口头语言等各种社会习惯、风俗事物。民间的物质文化是由人类的衣食住行和手工艺制作等物化形式组成,如民居、服饰、农耕方式等。民间的社会文化是指氏族、家族、宗族、村落、乡镇、市镇及各职业行业集团等民间组织形式,这些社会组织以约定俗成的方式固定下来,成为维系民间人际关系的纽带。民间的精神文化即民间意识形态,包括民间信仰、伦理、道德、文学和艺术等。民间的口头语言主要是指有地方和民族特色的方言、口头文学、说唱艺术。

77.农村优秀传统文化面临哪些挑战?

答:农村优秀传统文化首先面临着传承方式的挑战。传统的传承方式多以家族或师徒传授方式为主,这种传授方式多是一对一的传承,且难度较大、耗时较长,年轻一代传承意愿不足,一些传统文化因找不到传承人而走向消亡。农村优秀传统文化还面临着生活方式变迁的挑战。很多乡村的优秀传统文化是伴随着农耕社会诞生发展的,进入到现代社会、工业社会,农村的一些优秀传统文化逐渐失去了生存的土壤。除此之外,随着城镇化的推进,乡村人口外流,一些村庄出现空心化现象,导致一些古村落、古建筑闲置荒废,同时也使得一些庙会、节庆等民俗形式失去依托,文化传承缺乏内生动力。

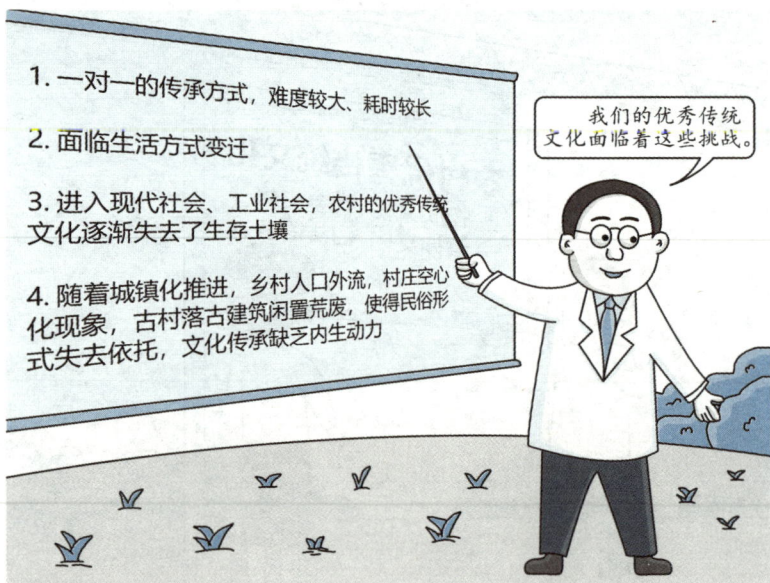

1. 一对一的传承方式,难度较大、耗时较长

2. 面临生活方式变迁

3. 进入现代社会、工业社会,农村的优秀传统文化逐渐失去了生存土壤

4. 随着城镇化推进,乡村人口外流,村庄空心化现象,古村落古建筑闲置荒废,使得民俗形式失去依托,文化传承缺乏内生动力

我们的优秀传统文化面临着这些挑战。

78.当前乡村存在哪些不文明的现象?

答:一是铺张浪费:生儿育女、升学参军、乔迁新居、生日寿宴、红白喜事等大操大办,巨额彩礼致贫返聘现象不断发生。二是生产生活方式落后:乱倒生活垃圾、乱排生活污水、乱堆乱放杂物,乱扔药瓶,污染环境。三是传统亲情缺失:对老人不尽赡养义务,薄养厚葬。四是封建迷信盛行:占卜算命,搞封建迷信。五是赌博成风:打麻将、打扑克等赌博现象时有发生。

乡村不文明现象

铺张浪费;生产生活方式落后;传统亲情缺失;
封建迷信盛行;赌博现象时有发生

生儿育女
升学参军
乔迁新居
生日寿宴
红白喜事

79.乡村文化建设为什么必须发挥农村传统道德的力量?

答:农村传统道德观念倡导:爱国家、孝父母、敬师长、重教育、睦宗族、和乡邻、勤耕耘、尚节俭、正婚嫁、守本分、息争讼、戒赌博、重情谊、慎言行等。这些传统道德观念,无不是从家到国,从个人到社会的扩展。这些道德观念构成一个完整的价值体系,在农村延续了几千年。总的来说,农村传统道德资源,有助于推进社会公德、职业道德、家庭美德、个人品德建设,也有利于推进诚信社会建设,强化农民的社会责任意识、规则意识、集体意识、主人翁意识。

80.支持农村题材文艺创作生产应从哪些方面着力?

答：发挥县级公共文化机构辐射作用，推进基层综合性文化服务中心建设，实现乡村两级公共文化服务全覆盖，提升服务效能。支持"三农"题材文艺创作生产，鼓励文艺工作者不断推出反映农民生产生活尤其是乡村振兴实践的优秀文艺作品，充分展示新时代农村农民的精神面貌。培育挖掘乡土文化本土人才，开展文化结对帮扶，引导社会各界人士投身乡村文化建设。活跃繁荣农村文化市场，丰富农村文化业态，为农村题材文艺创作提供良好的外部环境。

81.如何培育和挖掘乡土文化人才？

答：主要应做好四个方面工作：

一是重发现。各级党委、政府应高度重视，从文化馆、博物馆、乡镇文化宣传员和各村委会干部中抽组人员对乡土文化人才进行调查摸底，逐村探访乡土文化艺人，切实把乡土文化人才发掘出来。

二是重管理。应充分调研考证，对乡土文化人才进行归类建档，建立人才信息库，对乡土文化人才实施分类、分级管理。

三是重培育。当前，乡土文化人才总体上呈现老龄化趋势，群体发展趋势逐年弱化。要进一步建立完善乡土文化人才培育机制，加强对新一代乡土文化人才的培育。

四是重激励。在乡土文化人才制度建设上，应设立专项资金，给予相应补贴加以激励，以调动其传承发展乡土文化的积极性和创造性。

82.农村"道德讲堂"如何结合乡村社会发展特点，增强针对性和有效性？

答：完善制度，有序推进。"道德讲堂"是团体活动，需要人地钱等要素的支撑，应当建立健全农村"道德讲堂"管理制度，把什么人去讲，讲什么内容，怎么去讲等事项纳入程序化管理，用制度的力量保证"道德讲堂"能够长效运营。

因地制宜，大胆创新。一方水土养一方人，每个地方的人，都有着自己看待问题、理解事物的特点，针对不同地区的人群，针对不同年龄段的人群，要因地制宜、大胆创新宣讲内容和宣讲方式。

主题突出，形式活泼。在一些特定的节日等时间点，组织一些主题突出、形式活泼，群众喜闻乐见的"道德讲堂"。从生硬的说教落实为讲述老百姓身边的事情，让老百姓喜闻爱听。

83.目前农村宣传文化阵地建设存在哪些短板?

答:一是思想认识不足,乡村文化工作开展乏力。长期以来,人们普遍对农村文化建设重要性认识不足,导致不少地方乡村文化工作基本上处于等靠要状态。

二是经费投入不足,乡村文化设施不够普及。在城市间的各类社区、街道、居民小区、公共活动场所等都普遍设有公共健身器械、娱乐设施或图书馆、文化馆等,而在乡村,除了乡镇集镇区可能存在上述文化设施,广大的农居村庄拥有量屈指可数。

三是乡村文化工作人员待遇不高,文化队伍建设不稳定。从事基层文化工作的人员待遇不高,一些土生土长的民间艺人得不到重视与支持而逐渐流失、后继无人,致使生于群众中间、易于被群众接受的民间艺人队伍越来越萎缩。

84.农村文化建设中存在哪些商机?

答:农村的一些山水文化要素,是乡村旅游发展的重要因素。在一些地区,传统乡村文化已经开始被设计包装为旅游商品,为当地农民带来了可观的收入。比如将传统民俗文化融入乡村旅游文化节,一些地方特色乡村曲艺走上旅游地的表演舞台等等。总的来说,越是农村的,越是特色的,在城乡人民追求更加美好生活的过程中,农村传统文化中蕴藏着无限商机。

85.如何建立健全乡风文明建设的长效机制?

答：一是要建立健全组织领导机制。要建立市县主要领导主抓，宣传部、文明办具体抓，相关部门合力推动的工作机制。

二是健全宣传发动机制。报纸、电台、电视台等传统媒体开辟专题专栏不间断宣传，市属网站、微博、微信等新媒体同步发声。

三是健全督查指导机制。采取集中培训、座谈讨论、经验交流、实地观摩等方式培训宣传干部、村干部和农牧民代表。通过电话、微信、QQ群及时了解工作进展，采取现场指导、下发工作提示等方式加强日常调度。

四是健全考评激励机制。各地应将乡风文明建设纳入各级政府部门考核系统，可以参考建立以季度督查、日常监管、年终考核为主要方式的考核评价体系，形成齐抓共管的局面。

乡风文明建设一是要建立健全组织领导机制；二是健全宣传发动机制；三是健全督查指导机制；四是健全考评激励机制。

乡风文明建设

86.农村移风易俗需要把握哪些基本原则?

答:移风易俗要考虑公共需要,也要考虑农民群众的生活习惯和实际需要,有堵有疏。重点堵的是党员干部的不良风气,疏通的是老百姓的文明新风。一方面,要给党员干部划出"硬杠杠",督查、曝光、约谈齐上阵,让他们不敢也不能违反文明新风。让党员干部带头示范,给农村群众树立好的榜样;另一方面,要对农民群众的情绪进行疏通,加强文明新风的宣传教育,晓之以理动之以情,并且可以考虑以行政村或者自然村为单位,成立红白理事会,加快公益性公墓建设,做好相关服务,解决农民群众的后顾之忧,让农民群众自觉自愿地参与到移风易俗行动中。

87.乡风文明建设需要发挥基层干部哪些方面的带头作用?

答:"村看村,户看户,群众看干部。"乡风文明建设中,基层干部要起到模范带头作用一要带头搞好家风建设,践行淳朴友善、勤俭节约、邻里和睦、孝老爱亲的良好风尚;二要带头移风易俗,坚持丧事婚事简办,自觉抵制陈规陋习和不良风气;三要带头宣传发动群众,通过多种形式积极开展群众思想教育,在乡村大力培育社会主义核心价值观,组织群众性精神文化活动,发动群众参与文明乡风建设;四要带头开展公益服务,比如环境卫生整治、交通志愿服务等,通过公益服务带动广大群众积极参与。

88.乡风文明建设如何处理好挖掘本地资源与借助外来力量的关系?

答：一方面，要深入挖掘乡村熟人社会蕴含的道德规范，结合时代要求进行创新，注重发挥农村党员、干部、新乡贤的示范带动作用，修订完善村规民约，建立红白理事会、道德评议团等群众性组织，开展乡风民风评议活动，引导农民自我管理、自我教育、自我服务、自我提高;另一方面，要强化外脑的引入，积极开展乡风文明志愿服务，吸引社会力量参与乡风文明建设，有条件的地方还可以邀请外地或者城市的文明模范交流研讨，将城市文明中好的、适合乡村的内容引进来。

89.应怎样认识并发挥农民在乡风文明建设中的主体作用?

答:农民是乡风文明建设的主体,主要体现在两个层次:一是农民是乡风文明建设的主要承载者和体现者。乡风文明不可能离开广大农村居民而存在,必须通过农民的生产经营、社会秩序、乡村文化、道德教育等体现出来;二是乡风文明建设主要依靠农民,农民在乡风文明建设中居于核心地位,发挥主要作用。外部引导和干预,只有通过农民内生动力才能起作用。

要发挥农民在乡风文明建设中的主体作用,一方面要充分调动农民参与乡风文明建设的积极性,鼓励农民以各种形式广泛参与到乡风文明建设进程中;另一方面,要建立乡风文明建设的内外联动机制,在引入外部政策干预时充分尊重农民生活意愿和生活习惯,把农民主体地位体现在全过程。

五、治理有效篇

90. 新时代乡村善治的内涵是什么?

答: 新时代乡村善治的目标是构建自治、法治、德治相结合的乡村治理体系。自治是乡村治理体系的基础,我国实行村民自治制度,村民是乡村治理的重要主体,乡村自治做好了,就能充分激发广大农民的积极性;法治是乡村治理体系的保障,乡村治理必须实现法治化,自治只有在法律的框架下进行,才能有法可依、有条不紊;德治则是乡村治理的支撑,有利于提升自治与法治的效能,提高乡村治理的水平和质量。自治、法治、德治有机结合,相互衔接和补充,最终实现农村治理体系和治理能力现代化。在此过程中,要把党的领导放在建立健全现代乡村治理体系的首位。

必须创新乡村治理体系,走乡村善治之路。

新时代乡村善治的内涵

中央农村工作会议

91. 如何看待城镇化进程中，村民参与村级自治积极性不高的问题？

答：这是目前许多地方村民自治实践中遭遇的首要难题，也是乡村善治过程中必须正视的一个问题。村民参与村级自治积极性不高，受城镇化进程加速，农村青壮年劳动力大量进城务工，村庄老龄化、空心化影响较大，也与现实中一些村民自治组织缺乏经济基础，缺乏凝聚力有关。要想提高村民参与村级自治的积极性和主动性，需要有一定的经济基础作为支撑，这就要在公共财政上为村庄提供相应的治理资源，大力发展农村集体经济；要深入开展村民自治示范活动，树立典型；除此之外，还应大力发展农村文化教育，提高农民（包括村组干部）的文化素质和政治参与意识。

92.村级事务"村干部说了算"是怎样发生的？应如何规避？

答：村级事务少数村干部"说了算"是乡村善治路上一个不小的障碍，具体表现在村级管理中不经村民代表会议讨论就少数人说了算，甚至在"三资"（资金、资产、资源）处置中暗箱操作以躲避监督等问题。之所以会发生这样的情况，与村级民主制度落实不到位，监督没有真正发挥作用有很大关系。首先，应加强对村级干部的监督管理和廉政教育，发现"一言堂"或者未经合法程序的决策行为必须加以纠正；二是要总结完善村级民主相关程序，逐渐形成一套符合本地实际的村级民主治理工作模式，从程序上保障村民享有知情权、参与权、决策权、监督权；三要想方设法培育村民的主体意识和村级事务参与能力。

93.在一些地区，经济能人在村民自治中有很大影响，应如何看待这个问题？

答：由于经济能人有事业基础，善于寻找发展路子，可以带领群众脱贫致富等方面的原因，这些年来能人治村在乡村已非常普遍。但是个别能人对党的路线方针政策了解不多，缺乏农村实际工作经验，以致出现村务工作简单化，重经济、轻党务，基层组织建设得不到加强等现象。也有个别经济能人上任后动机不纯，利用村支部支书的职权获取资源，加之在经济上对村民的影响，容易形成对村民其他权利的制约和侵犯，从而陷入"能人专制"怪圈。要想用好经济能人在乡村善治中的正面作用，必须导入有效的监督与约束机制，规范"能人"行为，确保农村经济事务和公共事务的决策权、管理权不要过分集中。

94.怎样才能选出有利于村庄治理的好村干部?

答:乡村振兴过程中,国家对"三农"的扶持力度将不断加大,村级基层组织所掌握的资源也将越来越多如工程道路、水利建设、项目扶持、民政补助等,乡村贿选问题面临的形势将更加严峻。打击乡村贿选,首先要加强打击力度,"发现一起,查处一起",坚持从严从快、不留情、不手软;其次,在村级换届选举中,除了村民选举之外,还应加强上级组织部门的外部监督和调查,可以采取脱贫攻坚检查中记者暗访等方式,加强对村级选举的监督力度。

95.村民自治中，上级党委、政府或者组织、监察部门应发挥什么作用？

答：村民自治需要在法治的框架下进行，其良性运转离不开内外部的有效监督，上级党委、政府以及组织、监察部门应该扮演重要角色。比如在村级换届选举中，除了要遵循基本的村民自治的程序和规则之外，还应加强上级党委、政府以及组织、监察部门监督检查，以防"贿选"或者以其他不法手段干预选举的行为发生。也可以在县级人大中设立信访监督委员会，赋予其依法调查处理村民自治中违法犯法问题的权力。可安排专职巡视员巡察村民自治的运行状况，配合村民监督委员会实施外部监督，制约村主任的权力。

96.在城乡结合部应如何完善乡村治理新局面？

答：在乡村振兴大背景下，农村人口结构、社区公共事务将深入调整，利益主体、组织资源日趋多元，仅仅依靠村民自治原则处理村庄关系是远远不够的。人口流动的增多、外来资本的进入、产权关系的复杂化，都更加需要靠法治来规范和调节各类关系。除此之外还要以德化人，形成乡村经济社会发展的共识，从而使各类人群相互合作实现共赢发展。为此，需要在完善党组织领导的村民自治制度的基础上，进一步加强农村基层治理工作，根据农村社会结构的新变化，实现治理体系和治理能力的现代化。其中既要有开放包容的思维，不能排斥外来人口，也要有乡村主体意识，不能因为外来人口或者资本的进入而忽略了原村民。

97. 乡村振兴过程中，涉及发展方面的法律问题将越来越突出，对此应如何应对？

答：随着乡村开发的进一步加快，涉及土地的纠纷与矛盾将是农村的主要矛盾之一。如宅基地合作开发、承包地流转、拆迁补偿、村级债务纠纷等，需进一步完善法律法规，加强对农村集体资产所有权、农户土地承包经营权和农民财产权的保护；加强乡村各级干部和农民群众的法律意识和市场意识，进一步明确涉及宅基地、承包地、集体建设用地等的权属问题；逐步建立民间协商、乡村调解、县级仲裁、司法保障的县(市)区、乡镇、村三级土地流转纠纷调解仲裁体系，及时公正处理各种矛盾纠纷，确保乡村发展在法治的轨道内顺利运行。

98.什么是村民身边的"微腐败"？如何打击村民身边的"微腐败"？

答：村民身边的"微腐败"是指小微权力腐败，主要是针对村庄一级的腐败。包括漠视群众"高高在上"，克扣截留，套取资金，利用手中掌握的公共权力和公共资源捞取好处，等等。打击村民身边的微腐败应加强权力规范与监督。因此，要推行村级小微权力清单制度，加大基层小微权力腐败惩处力度。小微权力清单应包括村庄的重大事务决策、财务、宅基地调整、各种救济款、医保、招投标以及村庄的各种建设问题。清单运行应该有一个透明公开的程序。因此建立权力运行清单的同时，还应建立一套切实可行的监督体系，以确保这个清单体系能让村庄的运行规范。还应进一步加强对基层权力的巡查，可参考实行异地交叉巡查，以问题为导向，从中发现一些违规违纪或是顶风作案的行为。

99.如何处理法治与村规民约间的关系?

答:村规民约简言之,是指一个村的"大规矩",是农村干部群众根据有关法律法规政策,结合本村实际制定的涉及村风民俗、社会公共道德、公共秩序、治安管理等方面的综合性规定,并且对本村村民具有较强的约束性。一个村制定"村规民约",要在法治的框架内进行,并走严格的程序。首先要由村民代表和党员提议,在村党支部和村委会讨论通过,再由村民代表和党员代表讨论通过。在有条件的地方,还需经过专业律师把关审核,绝不允许出现罚款、侵犯人身自由等违法违规的条款。需要特别注意的是,因为村委会没有行政执法权,所以不能在"村规民约"里设立"罚款、抓人、拘禁、抄家、捉猪羊、牵牛马、扒房子、扣押变卖村民的生产生活用具和物品、克扣低保和养老金"等违法条款。

100.如何发挥乡贤在乡村治理中的积极作用?

答:乡贤是乡村发展的重要人才力量。其名声也许不出当地,但他们所倡导的与人为善、奋力拼搏等价值观却能教化一方,深深地影响着村民们的行为。乡村振兴过程中激发和弘扬乡贤文化,要深入挖掘当地乡贤资源,善于发现和塑造有见识、有担当、有威望又自愿扎根乡土的乡村能人来培育"新乡贤"。同时,还应出台鼓励发展乡贤文化的政策措施,完善乡贤回乡的配套政策,寻找和联系离开家乡但心系故土的本土精英,搭建好他们参与乡村建设和回乡创业的平台,让他们乐意回归故里。充分发挥好这些乡贤的财富、智慧和爱心,反哺桑梓、泽被乡里。可以参考成立新乡贤工作室,建立乡贤馆,建立乡、村、组多级乡贤工作体系等来激发弘扬乡贤文化。也可通过组建乡贤参事会、联谊会,利用"村支两委+乡贤会"的形式,充分发挥乡贤的带动作用,盘活乡贤资源。

我们倡导与人为善、奋力拼搏的价值观。

乡贤

101.乡村振兴如何强化法治保障?

答:在实施乡村振兴战略过程中,面临很多法治课题,既有关于土地制度等重大法律问题和制度问题,也有很多关系老百姓切身利益的法律事务,必须强化法治保障,坚持法治为本,树立依法治理理念,强化法律在维护农民权益、规范市场运行、农业支持保护、生态环境治理、化解农村社会矛盾等方面的权威地位。要进一步增强基层干部法治观念,将政府涉农各项工作纳入法制化轨道。要深入推进综合行政执法改革向基层延伸,创新监管方式,推动执法队伍整合、执法力量下沉,提高执法能力和水平。要建立健全乡村调解、县市仲裁、司法保障的农村土地承包经营纠纷调处机制。要加大农村普法力度,提高农民法治素养,引导广大农民增强尊法学法守法用法意识。

乡村振兴

要进一步增强基层干部法治观念
要深入推进综合行政执法改革向基层延伸
要建立健全农村土地承包经营纠纷调处机制
要加大农村普法力度,提高农民法制素养

法治保障

102. 应如何应对"法不下乡"难题?

答:农村是我国社会的基石,也是当前法治建设相对薄弱的领域。近年来,随着乡村开发的加速,一些地方非法征用农民土地、非法占有农民集体资产等问题时有发生,在土地流转过程中,也时常能看到公司与农户互相"撕毁合同"的情况,毁占耕地,破坏自然资源和生态的案件屡见报端,"法不下乡"成为农村法治的困局。没有农村的法治化,就不可能有乡村的全面振兴,要针对乡村振兴过程中农村社会结构、利益格局、组织体系、生活方式的新特点新变化,不断加强司法下乡力度。要以法治兜底,为农民利益、农村发展保驾护航。强化土地承包经营权物权保护,保障进城落户农民和农村妇女土地承包权益、农民宅基地用益物权和农村集体资产收益分配权,依法保护农民的合法权益。要深入开展农村法治宣传教育,增强基层干部运用法治思维和法治方式的工作能力,引导农民增强尊法守法用法的意识,努力形成办事依法、遇事找法、解决问题用法、化解矛盾靠法的法治氛围。

加强司法下乡力度;以法治兜底,为农民利益、农村发展保驾护航;深入开展农村法治宣传……

你的地被我征用啦!

103.平安乡村建设应从哪些方面着手？

答：平安乡村建设，事关农民群众安居乐业和乡村社会建设步伐，做好农村治安安全防范工作，努力实现发案少、秩序好、社会稳定至关重要。首先要加强对乡村治安建设的投入力度，从人财物上向乡村倾斜；其次，要建立城乡一体的平安社区建设机制，加强治安防范网络建设。紧密结合辖区实际，将动态巡防、社区管控、热点整治工作齐头并进，建设党政联动、群众参与、邻里守望，人防、物防、技防、村组联防多元互动治安防控格局；再次，要抓宣传教育，提高群众的安全防范意识，镇、乡、村、社要充分利用会议、广播、报刊、板报、标语等宣传工具深入开展法制宣传教育；最后，在警力欠缺的情况下，大力发挥群众力量，组建义务巡逻队和治保会，使之成为新形势下平安乡村建设的重要力量。

111

104.什么是乡村黑恶势力？如何打击乡村黑恶势力？

答：乡村黑恶势力有多种表现，包括乡村黑社会、"村霸"等。具体表现有：把持和操纵基层政权、侵吞农村集体财产；利用家族、宗族势力横行乡里，称霸一方，欺压普通群众；在征地、租地、拆迁、工程项目建设等过程中煽动闹事；在建筑工程、交通运输、矿产资源、渔业捕捞等行业和领域，强揽工程、恶意竞标、非法占地、滥开滥采；在商贸集市、批发市场、车站码头、旅游景区等场所欺行霸市、强买强卖、收取保护费等。相当一部分"村霸"本身就是村干部，直接影响了群众对党和政府形象的"最初观感"。2018年1月，中共中央、国务院又发出了《关于开展扫黑除恶专项斗争的通知》，决定在全国范围内开展为期3年的扫黑除恶专项斗争。"村霸"产生有深刻的历史成因和社会土壤，因此，要真正做到"除恶务尽"，既要通过专项斗争进行"大扫除"，还要通过源头治理彻底铲除其滋生土壤。要加强和改善党的领导、加强乡村法治建设、提升乡村德治水平，确保乡村社会充满活力、和谐有序。

六、生活富裕篇

105.怎样理解乡村振兴生活富裕是根本？

答：乡村振兴的出发点和落脚点，是为了让亿万农民生活得更美好，要让农民群众有参与感、获得感、幸福感。要坚持人人尽责、人人享有，按照抓重点、补短板、强弱项的要求，千方百计拓宽农民增收渠道，鼓励农民勤劳守法致富，增加农村低收入者收入，扩大农村中等收入群体，保持农村居民收入增速快于城镇居民。优先发展农村教育事业，促进农村劳动力转移就业，推动农村基础设施提档升级，加强农村社会保障体系建设，推进健康乡村建设，持续改善农村人居环境。

106.乡村振兴为什么必须走共同富裕之路？

答："勤为政者，贵在养民；善治国者，必先富民。"而对于农民占人口比例大头的中国来说，"富民"的重头和大头自然是"富农民"。小康不小康，关键看老乡。可以说，如果农民没有小康，我们的小康就是拖着"短腿"的小康、低水平的小康、被平均数掩盖的小康；如果农民没有富裕，我们的富裕必然也是脆弱的富裕、不平衡的富裕、不可持续的富裕。

107.如何推进城乡公共服务一体化？

答：平等享有公共服务，是农民的基本权利，也是乡村振兴的重要标志。应按照"完善制度、提高水平、逐步并轨"的总体原则，加快完善农村社会保障制度。加快推进城乡居民养老保险全覆盖，完善农村低保制度。加快完善城乡统一的基本医疗保险和大病保险制度。加快发展农村教育事业，统筹配置城乡师资，吸引更多优秀教师到农村任教。加强农村公共文化建设，推动公共文化资源向农村倾斜，提供更多农民喜闻乐见的文化产品和服务。

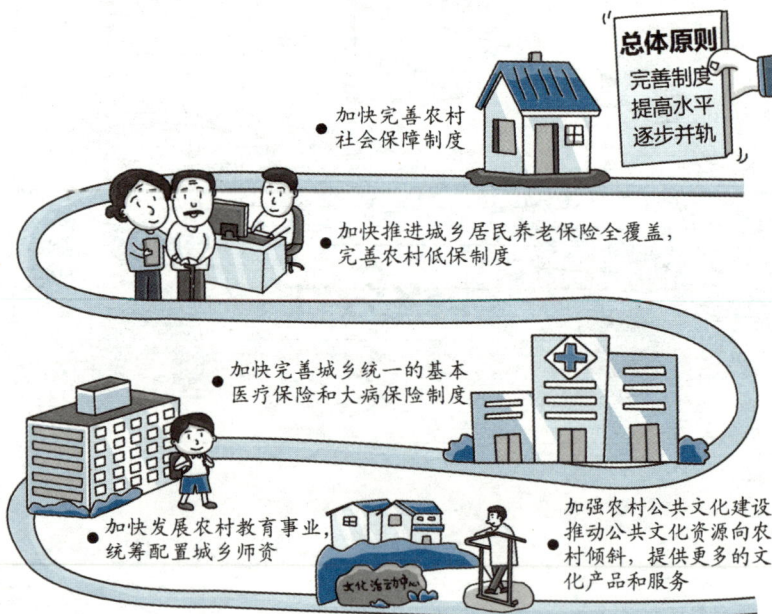

加快完善农村社会保障制度

总体原则
完善制度
提高水平
逐步并轨

加快推进城乡居民养老保险全覆盖，完善农村低保制度

加快完善城乡统一的基本医疗保险和大病保险制度

加快发展农村教育事业，统筹配置城乡师资

加强农村公共文化建设推动公共文化资源向农村倾斜，提供更多的文化产品和服务

108.怎样发展农村教育事业?

答:必须把农村教育事业放在优先发展的位置。要高度重视发展农村义务教育,推动建立以城带乡、整体推进、城乡一体、均衡发展的义务教育发展机制。全面改善薄弱学校基本办学条件,加强寄宿制学校建设。实施农村义务教育学生营养改善计划。发展农村学前教育。推进农村普及高中阶段教育,支持教育基础薄弱县普通高中建设,加强职业教育。健全农村学生资助制度,使绝大多数农村新增劳动力接受高中阶段教育、更多接受高等教育。把农村有需要的人群纳入特殊教育体系。推动优质学校辐射农村薄弱学校常态化。统筹配置城乡师资,并向乡村倾斜,建好建强乡村教师队伍。

109.怎样推进健康乡村建设?

答:强化农村公共卫生服务,加强慢性病综合防控,大力推进农村地区精神卫生、职业病和重大传染病防治。完善基本公共卫生服务项目补助政策,加强基层医疗卫生服务体系建设,支持乡镇卫生院和村卫生室改善条件。加强乡村中医药服务。开展和规范家庭医生签约服务,加强妇幼、老人、残疾人等重点人群健康服务。倡导优生优育。深入开展乡村爱国卫生运动。

110.怎样推进农村社会保障体系建设?

答：完善统一的城乡居民基本医疗保险制度和大病保险制度，做好农民重特大疾病救助工作。巩固城乡居民医保全国异地就医联网直接结算。完善城乡居民基本养老保险制度，建立城乡居民基本养老保险待遇确定和基础养老金标准正常调整机制。统筹城乡社会救助体系，完善最低生活保障制度，做好农村社会救助兜底工作。将进城落户农业转移人口全部纳入城镇住房保障体系。构建多层次农村养老保障体系，创新多元化照料服务模式。健全农村留守儿童和妇女、老年人以及困境儿童关爱服务体系。加强和改善农村残疾人服务。

111.实现生活富裕为什么要坚持人人尽责、人人享有？

答：人人尽责、人人享有，是实现生活富裕的要求。

人人尽责体现在过程中，要求每个人都必须出力。实现生活富裕不是包办富裕，幸福生活是奋斗出来的。实现生活富裕要坚持人人尽责，是因为实现生活富裕是关系每个人的复杂工程，需要调动每个人的生产积极性，在这个过程中必须鼓励并引导每个人发挥自己的聪明才智和劳动付出。如果个人不努力，帮扶终难奏效。

人人享有体现在结果上，实现生活富裕一个都不能少。这是全面建成小康社会的题中之义，也体现了我国社会主义的性质和根本宗旨。乡村的全面振兴体现在生活富裕上，必须落实到每个人身上。如果还有人不能享有生活富裕的福利，就不能算实现了乡村振兴。

112.富裕农民为什么要强调一件事情接着一件事情办，一年接着一年干？

答：富裕农民是乡村振兴的民生大事，必须一抓到底。之所以强调要一件事情接着一件事情办，一年接着一年干，体现了抓复杂工程既尽力而为又量力而行的指导思想。富裕农民不可能一蹴而就，必须一步一个脚印，踏踏实实推进与富裕农民相关的各个项目工程，也就是一件事情接着一件事情办，如果好高骛远，提高标准，搞超越当前发展阶段的目标和行动，就可能把事情办砸。另一方面，也应看到富裕农民是长期之计，必须朝夕用力，即一年接着一年干，要树立长期思维，始终把富裕农民当做重要工作内容，在实践中稳步推进，不能有丝毫松懈。

113.如何认识"四驾马车"在拉动农民增收上的作用?

答:农民收入构成有四驾马车,包括经营性收入、工资性收入、财产性收入、转移性收入等四部分。促进农民增收,必须在这四驾马车上下功夫。在这四驾马车中,经营性收入和工资性收入占大头,是主要构成部分,是未来推进农民增收的主要来源。尽管财产性收入和转移性收入占比相对较小,但是增速较快,也是农民增收的重要动力。

新形势下,农民增收的这四架马车都在发生一些新变化。推动农民增收,要精准把握农民收入的结构性变化和各自特征,有针对性地采取措施。比如农民种地经营性收入下降,就要大力发展高质量、高效益农业,推进一、二、三产业融合,加强对农村新产业新业态的支持等。而财产性收入和转移性收入增长较快,潜力较大,则要进一步加大农村改革步伐,把改革红利落到实处,充分保障并有效实现农民的财产权。

114.怎样增加农民财产性收入？

答：一般来说，农民可实现的财产性收入主要包括以下几个方面：一是储蓄，二是土地，三是宅基地，四是集体财产分红，五是附着在其他生产资料上的财产性收入。要增加财产性收入，一方面是要靠农民自己积累财产，并利用财产获得收入。更关键的是，要通过改革激活土地和宅基地上的财产权。当前与农民财产性收入相关的，主要是集体产权制度改革、土地流转和宅基地改革，应该说这些方面蕴藏着巨大的财产性收入增收空间，但是各地情况千差万别。村集体产权方面，有的地方村集体财产性收入很多，有的地方村集体财产性收入几乎为零。土地流转方面，关键是落实党中央土地政策，确保农民的承包权，并通过改革为承包权转换为财产性收入创造更加有利的条件。宅基地方面，进一步落实相关改革措施，不断提升农村宅基地财产价值，是增加农民财产性收入的有效举措。

要增加财产性收入，一方面是要靠农民自己积累财产，并利用财产获得收入。

115.如何挖掘新产业新业态在农民增收上的潜力?

答:培育农民增收新动能,最大的潜力和希望在大力发展农村新产业新业态和支持农村各种形式的创业。在用地保障方面,要完善新增建设用地保障机制,将年度新增建设用地计划指标确定一定比例用于支持农村新产业新业态发展。允许村庄整治、宅基地整理等节约下来的部分建设用地,通过入股、联营等方式重点支持乡村休闲旅游养老等产业和农村三产融合发展。在鼓励各类人才回乡下乡创业创新方面,要整合落实支持农村创业创新的市场准入、财政税收、金融服务、用地用电、创业培训、社会保障等方面优惠政策。鼓励各地建立返乡创业园、创业孵化基地、创客服务平台,开设开放式服务窗口,提供"一站式"服务。

116.城乡融合发展进程中如何推动农民工资性收入增长？

答：首先，要加强农民工培育，完善城乡劳动者平等就业制度，实现同工同酬和城乡居民公共就业服务均等化。其次，支持农民创业创新，推进农村一、二、三产业融合发展，大力发展农产品加工、休闲农业和乡村旅游、农村服务业等劳动密集型产业项目，实现更多农民家门口就业。实施农民工等人员返乡创业培训五年行动计划，支持返乡创业园、返乡创业孵化园（基地）、信息服务平台、实训基地和乡村旅游创客示范基地建设。此外，鼓励和规范工商资本投资农业农村，建立健全产业链利益联结机制，引导龙头企业创办或入股合作组织，支持农民合作社入股或兴办龙头企业，鼓励大型粮油加工企业与种粮农户以供应链融资等方式结成更紧密的利益共同体。

117.如何向"接二连三"要效益?

答:农业的"接二连三",既可以实现产业融合互动,也可以使一、二产业或一、三产业联动,让传统农业"老树发新芽"。鼓励各地充分挖掘农业和本地文化、旅游等资源的功能互补,推进农业与旅游、教育、文化、健康养老、乡村手工艺等产业深度融合,使休闲农业和乡村旅游成为繁荣农村、富裕农民的新兴支柱产业。开发农业多种功能,已经成为当前各地促进农业发展方式转变的重要一环。例如,在城镇郊区发展观光农业、都市农业;在主要农区,发展设施农业,建立农产品加工基地。在产业融合的过程中,还要融入新思维,特别是要搭上"互联网+"快车,推动农业与二、三产业融合。

118.农民职业技能培训需要从哪些方面下功夫?

答:加强对农村劳动力的职业技能培训是提高农民就业能力、增强我国产业竞争力的一项重要的基础性工作。首先,农村劳动力职业技能培训,要根据市场和企业的需求,按照不同行业、不同工种对从业人员基本技能的要求,安排培训内容,实行定向培训,提高培训的针对性和适用性。其次,要调动社会各方面参与农民职业技能培训的积极性,鼓励各类教育培训机构、用人单位开展对农民的职业技能培训。最后,各级财政都要安排专门用于农民职业技能培训的资金。为提高培训资金的使用效率和培训效果,应由农民自主选择培训机构、培训内容和培训时间,政府对接受培训的农民给予一定的补贴和资助。要防止和纠正各种强制农民参加有偿培训和职业资格鉴定的错误做法。

119.弥合城乡数字鸿沟需要着重注意哪些方面？

答：第一，不断完善政府职能和信息法规。缩小数字鸿沟是一项跨部门、跨行业和多种业务技术综合集成的庞大系统工程，其核心工作在于加快农村信息化建设，政府在界定计划与市场边界的基础上，引导农村信息化健康、有序地发展，是非常关键的。第二，继续推进信息基础设施建设。信息基础设施是信息传播的载体，通过城乡一体化的信息网络，分散在农村的农民才可以实现各种信息资源的同步实时共享，因此包括基础网络以及网络接入条件、上网设备、上网场所等基础设施的建设是弥合城乡数字鸿沟的前提条件。第三，加大信息资源建设与整合力度。第四，加强信息技术服务与应用推广工作。农民属于典型的风险规避者，对于新鲜事物的功效，更注重"眼见为实"和"口口相传"，当他们从自己身边、近处看到信息化产品带来的经济收益，且易学好用，花费也不高，购买欲才会被激发。第五，全面提升农民的信息素养。只有全面提升农民的信息素养，他们才会主动去学、去用、去推广互联网。

七、脱贫攻坚篇

120.脱贫攻坚与乡村振兴是什么关系?

答:脱贫攻坚是到2020年消除现行标准下贫困人口的国家战略。实施乡村振兴战略,是决胜全面建成小康社会、建设社会主义现代化强国的重大历史任务,是新时代"三农"工作的总抓手。从时限上看,脱贫攻坚到2020年实现脱贫目标,乡村振兴则到2050年实现振兴目标。从区域上看,脱贫攻坚主要在贫困人口较多的22个中西部省区开展,乡村振兴战略在农村各地实施。脱贫攻坚和乡村振兴均是国家重大战略,二者之间不是谁先谁后的问题,而是在任务目标、组织体系等方面相互联系共同推进。有脱贫攻坚任务的省区,要推进脱贫攻坚和乡村振兴有机衔接、统筹规划,确保到2020年完成脱贫攻坚任务,同时以脱贫攻坚促乡村振兴,为乡村振兴夯实基础。

121.为什么要下大力气搞脱贫攻坚?

答:脱贫攻坚是全面建成小康社会最艰巨的任务,也是标志性指标。如果到2020年,我们还存在众多贫困人口,那就不能算全面建成小康社会。从宏观层面来说,下大力气推进脱贫攻坚,是我们党对全体人民和国际社会的庄严承诺,是体现中国特色社会主义政治优势和制度优势的重要战略。脱贫攻坚战能不能打好、打赢,既是民生问题,也是政治任务。从微观层面来说,饱受贫困困扰的贫困人口,在发展生产、实现就业、接受教育、医疗健康等多个方面受到制约。贫困不仅限制了他们的创造力,还严重影响这些个体成长和发展的机会。让贫困人口共同享受改革发展的成果,一道迈入全面小康社会,就必须对贫困地区发展和贫困人口脱贫实施全方位的干预。

脱贫攻坚是党对人民和社会的庄严承诺,是体现中国特色社会主义政治优势和制度优势的重要战略。

贫困地区

122. 为什么要坚持"两不愁、三保障"的标准？

答：稳定实现扶贫对象不愁吃、不愁穿，义务教育、基本医疗和安全住房有保障，是中央扶贫会议提出的脱贫攻坚目标。这一目标充分考虑了社会主义初级阶段基本国情，既考虑了实现可能性，也从贫困群众发展和福利需求出发，有其合理性。从国际比较来看，这一标准也略高于国际贫困标准，体现了中国的大国担当。

"两不愁、三保障"标准是各地脱贫攻坚应当坚持的原则，既不能盲目提高标准，也不能随意降低标准。盲目提高标准，把保障义务教育变成"十五年教育免费"，把"基本医疗"有保障变成"看病不花钱"，把"住房安全"有保障当成住好房、住大房，不仅加重各地工作负担，而且容易造成贫困群众和非贫困群众之间福利上的悬崖效应，引发社会问题。随意降低标准，则是给全面建成小康社会打折扣，更应坚决反对。

不愁吃、不愁穿！

义务教育 基本医疗 安全住房

扶贫对象

"两不愁、三保障"是各地脱贫攻坚坚持的原则
不能盲目提高标准，也不能随意降低标准

123.实现脱贫目标的短板是哪些?

答:从全国贫困地区来看,现在实现"不愁吃、不愁穿"基本没有问题,主要短板是义务教育、基本医疗和安全住房这"三保障"。义务教育方面,尽管贫困地区也基本实现了九年义务教育,但是还存在一些突出问题:一是义务教育质量不高;二是义务教育就学不方便;三是少数民族贫困地区双语教育和应用滞后,满足不了脱贫需要。基本医疗方面,主要问题:一是个别地区地方病依然存在,如大骨节病等;二是一些贫困地区群众就医、报销不便;三是贫困群众因健康问题返贫风险极大。住房安全方面,随着易地扶贫搬迁和农村危房改造的实施,有了较大保障,主要问题:一是个别地方建设标准过高,造成贫困群众负担;二是建设资金存在还贷风险;三是搬迁户和非搬迁户之间,易地扶贫搬迁和同步随迁存在巨大差距,容易引发社会矛盾。

现在吃穿不愁,但"三保障"是短板。

124.扶贫为什么要坚持精准方略？

答：精准方略是指在贫困对象识别、帮扶、退出等全过程，运用科学有效程序实现精准的脱贫方式。精准扶贫精准脱贫是脱贫攻坚基本方略与核心要义。2013年11月，习近平总书记在湖南湘西考察时首次提出精准扶贫理念，强调要"实事求是、因地制宜、分类指导、精准扶贫"，之后在理论和实践中不断发展完善，如"扶持谁、谁来扶、怎么扶、如何退，全过程都要精准……有的还要下一番'绣花'功夫"。之所以要坚持精准方略，主要有三方面原因：一是随着多年扶贫开发，我国贫困人口分布已经发生变化，不再是大规模集中分布，而是插花式零散分布，必须精准识别；二是要如期全面完成脱贫任务，就必须确保脱贫攻坚的各项资金、项目、帮扶力量精准用于贫困人口，必须更加突出"精准滴灌"式帮扶，防止"大水漫灌"；三是要确保2020年脱贫摘帽成果经得起历史和人民的检验，就必须严把退出关。

> 贫困人口分布已发生变化，必须精准识别；要如期完成脱贫任务，就必须确保资金、项目、帮扶力量精准用于贫困人口；要确保2020年脱贫摘帽成果经得起历史和人民检验。

125.申请精准扶贫贷款有哪些方式?

答：1. 贫困户申请、直接贷给贫困户。

2. 贫困户申请、贷给贫困户，贫困户把钱交给大户(企业)，与大户(企业)签订分红协议。

3. 贫困户申请、贷给大户(企业)，但大户(企业)必须与贫困户签订带动发展或分红协议。

126.脱贫攻坚采用什么工作机制和管理体系?

答:脱贫攻坚采用的工作机制和管理体系主要包括以下几方面内容:

一是五级书记抓扶贫的责任机制。省市县乡村五级书记,党委和政府主要领导作为第一责任人,加强扶贫考核评估。

二是"中央统筹、省负总责、市县抓落实"的工作机制。中央主要负责统筹制定脱贫攻坚大政方针,出台重大政策举措,完善体制机制,规划重大工程项目,协调全局性重大问题、全国性共性问题,主要抓政策制定和效果监管。省负总责,全面贯彻党中央、国务院关于脱贫攻坚的大政方针和决策部署,结合本地区实际制定政策措施,根据脱贫目标任务制定省级脱贫

攻坚滚动规划和年度计划并组织实施。市县抓落实，党委和政府承担脱贫攻坚主体责任，负责制定脱贫攻坚实施规划，优化配置各类资源要素，组织落实各项政策措施，县级党委和政府主要负责人是第一责任人。

三是专项扶贫、行业扶贫、社会扶贫"三位一体"的大扶贫格局。专项扶贫是指易地扶贫搬迁、产业扶贫等专项扶贫项目。行业扶贫指明确部门职责的科教文卫等帮扶方式。社会扶贫指定点扶贫、东西部扶贫协作、军队和武警系统、企业和社会各界参与扶贫等。

127. 什么是"五个一批"？

答："五个一批"是中央扶贫工作会议提出的对贫困群众的主要帮扶方式。

一是发展生产脱贫一批，引导和支持所有有劳动能力的人依靠自己的双手开创美好明天，立足当地资源，实现就地脱贫。

二是易地搬迁脱贫一批，贫困人口很难实现就地脱贫的要实施易地搬迁，按规划、分年度、有计划组织实施，确保搬得出、稳得住、能致富。

三是生态补偿脱贫一批，加大贫困地区生态保护修复力度，增加重点生态功能区转移支付，扩大政策实施范围，让有劳动能力的贫困人口就地转成护林员等生态保护人员。

四是发展教育脱贫一批，倾斜支持贫困地区发展教育，帮助贫困地区改善办学条件，对农村贫困家庭幼儿特别是留守儿童给予特殊关爱。

五是社会保障兜底一批，对贫困人口中完全或部分丧失劳动能力的人，由社会保障来兜底，统筹协调农村扶贫标准和农村低保标准，加大其他形式的社会救助力度。

128.脱贫摘帽有什么标准和程序？

答：脱贫摘帽是指贫困地区和贫困群众超过现行扶贫标准之后身份属性的变化。脱贫摘帽分为三个层次：

一是贫困人口退出。贫困人口退出以户为单位，主要衡量标准是该户年人均纯收入稳定超过国家扶贫标准且吃穿不愁，义务教育、基本医疗、住房安全有保障。贫困户退出，由村两委组织民主评议后提出，经村两委和驻村工作队核实、拟退出贫困户认可，在村内公示无异议后，公告退出，并在建档立卡贫困人口中销号。

二是贫困村退出。以贫困发生率为主要衡量标准，统筹考虑村内基础设施、基本公共服务、产业发展、集体经济收入等综合因素。原则上贫困村贫困发生率降至2%以下（西部地区降至3%以下），在乡镇内公示无异议后，公告退出。

三是贫困县退出。以贫困发生率为主要衡量标准。原则上贫困县贫困发生率降至2%以下（西部地区降至3%以下），由县级扶贫开发领导小组提出退出，市级扶贫开发领导小组初审，省级扶贫开发领导小组核查，确定退出名单后向社会公示征求意见。公示无异议的，由各省（自治区、直辖市）扶贫开发领导小组审定后向国务院扶贫开发领导小组报告。

129.攻坚深度贫困有哪些措施?

答:为打赢深度贫困地区脱贫攻坚战,中办、国办印发意见支持深度贫困地区脱贫攻坚。主要措施包括:

一是加大对"三区三州"(三区:西藏、新疆南疆四地州和四省藏区;三州:甘肃省临夏州、四川省凉山州和云南省怒江州)的重点支持力度,明确新增脱贫攻坚资金、新增脱贫攻坚项目、新增脱贫攻坚举措主要用于深度贫困地区。加大中央财政投入、金融扶贫、项目布局倾斜、易地扶贫搬迁、生态扶贫、干部人才支持、社会帮扶等支持力度。

二是明确中央和国家机关有关部门行业主管责任,重点解决因病致贫、因残致贫、饮水安全、住房安全等问题,加强教育扶贫、就业扶贫、基础设施建设、土地政策支持和兜底保障工作,打出政策组合拳。

三是要求地方落实责任、编好规划、配强队伍、加大投入,实施贫困村提升工程,推进基础设施和公共服务体系建设,改善生产生活条件,发展特色优势产业,壮大村集体经济。

加大对"三区三州"的重点支持力度　　明确中央和国家机关有关部门行业主管责任　　实施贫困村提升工程

130. 当前脱贫攻坚存在哪些突出问题和挑战?

答:尽管脱贫攻坚取得了历史性进展,但是当前工作中还存在一些突出问题。

一是深度贫困地区攻坚任务艰巨。以"三区三州"为代表的深度贫困地区和特殊贫困群体,帮扶难度大,不下大力气精准帮扶难以如期脱贫。

二是政策贯彻落实不到位、不彻底。围绕脱贫攻坚,中央和地方政府出台了大量帮扶政策,形成了相对全面和比较完善的帮扶体系,但是一些地方政府政策贯彻落实情况并不理想。

三是个别地方帮扶干部作风出现问题。有的弄虚作假搞形式主义,有的贪占挪用扶贫资金,有的当一天和尚撞一天钟不扎实帮扶,有的地方检查、会议、材料太多,挤占帮扶干部时间。

四是一些地方扶贫工作存在风险隐患。扶贫工作在财政、金融、市场等多个方面存在风险,若不重视,有进一步加剧的可能。

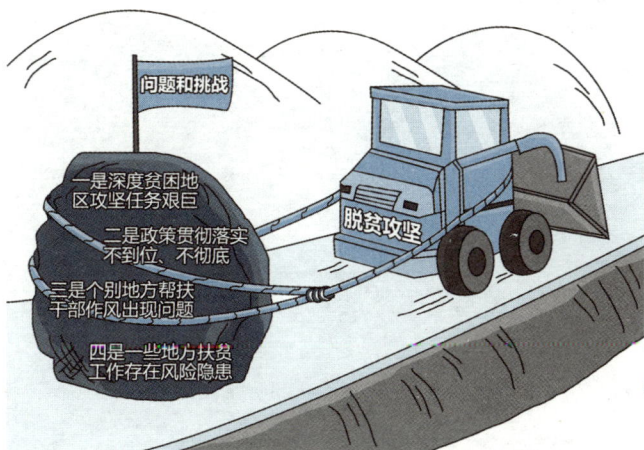

八、制度保障篇

131.实施乡村振兴战略，为什么要把制度建设 贯穿其中？

答：俗话说，"没有规矩不成方圆"，实施乡村振兴战略是无数个复杂图景组成的国家大图画，更需要推进体制机制创新，强化乡村振兴制度性供给。随着改革发展的推进，农业农村面临很多改革课题，有很多复杂的情况必须通过制度建设来解决。通过制度建设更好贯彻执行各项方针政策，通过制度建设把实践中行之有效的做法固定下来。实践中实施乡村振兴战略，面临很多改革和制度建设课题。在实施乡村振兴战略的过程中，要不断强化制度建设，以制度化、机制化的形式更好地完成各项任务，防止乡村振兴战略跑偏。

132.如何改善党对农村工作领导的体制机制？

答：2018年中央1号文件对改善党的农村工作领导体制机制作出具体部署。新形势下改善党对农村工作领导的体制机制，主要包括以下内容：

一是健全党委统一领导、政府负责、党委农村工作部门统筹协调的农村工作领导体制。

二是建立实施乡村振兴战略领导责任制，实行中央统筹省负总责市县抓落实的工作机制。党政一把手是第一责任人，五级书记抓乡村振兴。县委书记要下大气力抓好"三农"工作，当好乡村振兴"一线总指挥"。

三是要求加强各级党委农村工作部门建设，按照《中国共产党工作机关条例（试行）》有关规定，做好党的农村工作机构设置和人员配置工作，充分发挥决策参谋、统筹协调、政策指导、推动落实、督导检查等职能。

四是建立乡村振兴战略进展情况年度报告制度和考核制度，各省向中央报告，并对市县党政领导班子和领导干部实绩考核。

133.为什么要研究制定党的农村工作条例?

答:党的十九大和2018年中央1号文件以及即将制定的乡村振兴规划对农业农村长远发展作出全面部署,新时代"三农"工作也有很多新形势新任务新要求,要把乡村振兴战略实施好,必须把党对"三农"工作的领导落实到制度和体制机制上。制定中国共产党农村工作条例,就是把党领导农村工作的传统、要求、政策等以党内法规形式确定下来,明确加强对农村工作领导的指导思想、原则要求、工作范围和对象、主要任务、机构职责、队伍建设等,完善领导体制和工作机制,确保乡村振兴战略有效实施。

就是把党领导农村工作的传统、要求、政策等以党内法规形式确定下来,明确加强对农村工作领导的指导思想、原则要求、工作范围和对象、主要任务、机构职责、队伍建设等,完善领导体制和工作机制,确保乡村振兴战略有效实施。

制定党的农村工作条例

134.各级党委和政府如何落实农业农村优先发展？

答：农业农村工作纷繁复杂，涉及主体众多，利益交织冲突，在各个方面都要坚持农业农村优先发展，这是做好农村工作的基本原则。坚持农业农村优先发展，要求各级党委和政府坚持工业农业一起抓、城市农村一起抓，把农业农村优先发展原则体现到各个方面。首先体现在领导干部的重视程度上，要真正花时间思考、调研、部署、协调"三农"工作；其次体现在对"三农"工作的投入程度上，公共财政、项目资金、金融服务都要切实体现对"三农"工作的倾斜支持；再次体现在是否重视乡村干部队伍能力建设上，加大对农村工作的人才支持力度，选派、培育更多懂农业、爱农村、爱农民的干部队伍到农村一线工作。

135. 如何提高乡村干部队伍能力?

答:2018年中央1号文件明确提出"三农"工作队伍要"懂农业、爱农村、爱农民",这是中央对"三农"工作队伍的基本要求,但是对没有达到要求的干部来说,不会自然而然地变成合格干部,必须通过有效措施提高干部队伍能力。提高干部队伍能力首先要提高领导干部水平,各级领导干部要通过理论学习、政策学习、实践学习,向群众学习,真正成长为"三农"事业的行家里手。其次要开展"三农"干部的培训计划,全面提升干部队伍能力,培训在内容上要瞄准群众和干部需求,同时要创新形式,加大实践培训和干部交流力度。最后要把农村一线作为锻炼培养干部的重要平台,鼓励农村干部队伍在"游泳中学会游泳",在"战斗中学会打仗",不断在实践中成长。

"三农"工作队伍
懂农业 爱农村 爱农民

首先要提高领导干部水平

其次要开展"三农"干部的培训计划,全面提升干部队伍能力

最后要把农村一线作为锻炼培养干部的重要平台

136.怎样才能吸引优秀人才向基层一线流动?

答:实施乡村振兴战略,人才是关键。没有人,乡村振兴就无从谈起。吸引更多优秀人才,要坚持注重培养本地人才和引进外来人才相结合。一方面,要大力培育新型职业农民,全面建立职业农民制度,完善配套政策体系。实施新型职业农民培育工程。支持新型职业农民通过弹性学制参加中高等农业职业教育。鼓励各地开展职业农民职称评定试点。另一方面,要"筑巢引凤",为优秀外来人才回乡返乡创业创新创造良好环境,鼓励社会各界投身乡村建设,重点吸引支持大学生、转业军人、企业家、党政干部、专家学者、医生教师、规划师、建筑师、律师、技能人才等,回乡干事创业。为外来人才参与乡村振兴提供金融服务、配套设施建设、税费减免、用地等方面的扶持政策。

137.为什么县委书记是乡村振兴"一线总指挥"?

答:乡村振兴战略实施"中央统筹省负总责市县抓落实"的管理机制,县委书记是"一线总指挥"。县级党委、政府在我们党的组织结构和国家政权结构中具有特殊地位,党中央各项政策的执行都需要县一级党委、政府具体操作落实,具有承上启下的重要作用。对广大农村来说,省委书记、市委书记太远,跑不到各个农村,乡村党委书记在更好理解和贯彻执行中央政策上存在短板。县委书记距离政策和实践的距离刚刚好,实施乡村振兴战略过程中,县委是"一线指挥部",县委书记就是"一线总指挥"。

138.农业转移人口落户城市的基本政策是什么?

答：国家鼓励各地区进一步放宽落户条件，除极少数超大城市外，允许农业转移人口在就业地落户，优先解决农村学生升学和参军进入城镇的人口、在城镇就业居住5年以上和举家迁徙的农业转移人口以及新生代农民工落户问题，全面放开对高校毕业生、技术工人、职业院校毕业生、留学归国人员的落户限制，加快制定公开透明的落户标准和切实可行的落户目标。除超大城市和特大城市外，其他城市不得采取要求购买房屋、投资纳税、积分制等方式设置落户限制。超大城市和特大城市将区分主城区、郊区、新区等区域，分类制定落户政策，建立完善积分落户制度，重点解决符合条件的普通劳动者的落户问题。全面实行居住证制度，推进居住证制度覆盖全部未落户城镇常住人口，保障居住证持有人在居住地享有教育、就业、公共卫生、计划生育、文化、法律等一系列服务。

139.农民进城后，承包的土地怎么办？

答：《关于完善农村土地所有权承包权经营权分置办法的意见》明确提出："不得违法调整农户承包地，不得以退出土地承包权作为农民进城落户的条件。"进城农民可以通过土地经营权流转，获得租金，增加财产性收入；也可以通过土地股份合作、土地托管、代耕代种等多种经营方式，提高土地收益。在土地承包权有偿退出机制试点地区，可以退出土地承包权，但要依据依法自愿的原则，并获得合理补偿。

140. 如何认识农村土地"三权分置"改革对于农民增收的重要意义？

答：农村土地"三权分置"改革的重要意义在于：一方面通过科学界定"三权"的内涵、外延以及相互间的关系，巩固和完善了农村基本经营制度，能够更好地维护、实现农民集体、承包农户以及新型经营主体的权益；另一方面有利于促进土地资源优化配置，土地作为生产要素真正流动起来，培育新型经营主体发展适度规模经营，推进农业供给侧结构性改革，为发展现代农业、增加农民收入提供新的路径和制度保证。

141.农村土地规划调整跟农民有什么关系?

答:土地规划调整关系农村长远发展,关系农民切身利益。2018年中央1号文件对土地规划调整作出了具体部署。明确允许县级政府通过村土地利用规划,调整优化村庄用地布局,有效利用农村零星分散的存量建设用地,这意味着农村集体建设用地的增值利用,有望转换成集体经济或农民的财产性收入。文件还明确指出,预留部分规划建设用地指标用于单独选址的农业设施和休闲旅游设施等建设;对利用收储农村闲置建设用地发展农村新产业新业态的,给予新增建设用地指标奖励。这些政策有利于农民围绕土地资源更好开展创业,也有利于农村土地资源升值。

农村土地规划调整

土地规划调整政策有利于农民围绕土地资源更好开展创业,也有利于农村土地资源升值。

142. 集体建设用地如何入市？

答：从2015年初开始，有关部门在全国33个县（市）部署开展了集体经营性建设用地入市试点，试点盘活了农村存量建设用地，增加了农民财产性收入，推动了城乡要素流动。集体建设用地入市要处理好几个关键问题：一是入市主体是谁；二是集体和成员收益分配问题；三是区域价值差异如何处理的问题。总之，集体建设用地入市当前仍处于试点阶段，潜力很大，各地也探索出很多成功的经验，相关的法律制度也在进行中，但也存在一些现实问题和矛盾需要攻克，需要在做好试点的基础上稳步推进。

143.如何理解农村集体产权制度改革和农民增收的关系？

答：农村集体产权制度改革是维护农民合法权益、增加农民财产性收入的重大举措。农村集体资产是农村集体经济组织成员的主要财产，是农业农村发展的重要物质基础。适应城乡融合发展新趋势，分类推进农村集体产权制度改革，在抓好集体土地等资源性资产确权登记颁证，建立健全集体公益设施等非经营性资产统一运行管护机制的基础上，针对一些地方集体经营性资产归属不明、经营收益不清、分配不公开、成员的集体收益分配权缺乏保障等突出问题，着力推进经营性资产确权到户和股份合作制改革，对于切实维护农民合法权益，增加农民财产性收入，让广大农民分享改革发展成果具有重大现实意义。

144.深化农村集体产权制度改革，应如何更好地维护农民利益?

答：一方面，发挥农民主体作用，确保农民知情权、参与权、表达权、监督权，把选择权交给农民，真正让农民成为改革的参与者和受益者。另一方面，依据有关法律法规，按照尊重历史、兼顾现实、程序规范、群众认可的原则，做好农村集体经济组织成员身份确认工作。健全集体收益分配制度，明确公积金、公益金提取比例，把农民集体资产股份收益分配权落到实处。

145.农村集体经济组织成员身份认定需要把握哪些原则？

答：确认农村集体经济组织成员身份，要依据有关法律法规，按照尊重历史、兼顾现实、程序规范、群众认可的原则，统筹考虑户籍关系、农村土地承包关系、对集体积累的贡献等因素，协调平衡各方利益，解决成员边界不清的问题。要探索在群众民主协商基础上确认农村集体经济组织成员的具体程序、标准和管理办法，建立健全农村集体经济组织成员登记备案机制。成员身份的确认既要得到多数人认可，又要防止多数人侵犯少数人权益，切实保护妇女合法权益。提倡农村集体经济组织成员家庭今后的新增人口，通过分享家庭内拥有的集体资产权益的办法，按章程获得集体资产份额和集体成员身份。

146.农村集体产权制度改革已经取得了哪些成果?

答：截至2016年年底，全国已有6.7万个村和6万个组完成了改革，量化集体资产8528亿元，累计股金分红2840亿元。一是全国第一批29个试点县均开展了清产核资工作，全面摸清了镇村组三级集体资产的存量、价值和使用情况，按照资源性、经营性和非经营性三类资产分别建立台账，纳入监管平台。二是通过确认成员身份，理清了集体成员边界，集体成员与社区内其他居民之间的权利关系进一步明晰。三是有序推进经营性资产股份合作制改革，将资产以股份或者份额形式量化到本集体成员，盘活了集体资产。四是各试点县理清了集体经济组织与村民委员会的职能关系，规范了集体资产财务管理，创新了乡村治理机制。

改革成果展示

全国已有6.7万个村和6万个组完成了改革，量化集体资产8528亿元，累计股金分红2840亿元……

147.什么是农村宅基地"三权分置"改革？

答：当前，很多地方的农村宅基地大量闲置，如果任其破败是一个大问题，但如果利用起来就是一笔大资源。2018年中央1号文件明确提出，扎实推进房地一体的农村集体建设用地和宅基地使用权确权登记颁证。完善农民闲置宅基地和闲置农房政策，探索宅基地所有权、资格权、使用权"三权分置"，落实宅基地集体所有权，保障宅基地农户资格权和农民房屋财产权，适度放活宅基地和农民房屋使用权。

148.宅基地"三权分置"和农用地"三权分置"有哪些异同?

答:宅基地"三权分置"改革,出发点跟农用地的"三权分置"改革不一样。农用地"三权分置"改革的出发点是为了促进农用地经营权的流转和集中,发展多种形式的农业适度规模经营。宅基地"三权分置"改革的出发点不是为了促进宅基地使用权"买卖起来",促进宅基地流转和集中,而是为了让闲置宅基地和闲置农房能够"用起来",得到有效利用。按照现行的法律和政策,农村的宅基地使用权是不能流转的,很多农民进城务工甚至迁出后,农村就会有很多空心屋、农房闲置在那里,得不到利用。

宅基地"三权分置"改革是为了让闲置宅基地和闲置农房能够"用起来",得到有效利用。

农用地"三权分置"改革是为了促进农用地经营权的流转和集中,发展多种形式的农业适度规模经营。

农用地"三权分置"

宅基地"三权分置"

149.农村宅基地改革要注意哪些问题?

答:宅基地制度改革"必须坚守土地公有制性质不改变、耕地红线不突破、农民利益不受损的三条底线"。要明确,宅基地改革不是让城里人到农村买房置地。改革的根本目的是要推进农业农村经济发展,其核心是通过赋予农民更充分且有保障的土地财产权利,促进农民收入增长和生产居住环境的改善,这是衡量和检验改革成功与否的主要标准。农村宅基地改革,不得违规违法买卖宅基地,严格实行土地用途管制,严格禁止下乡利用农村宅基地建设别墅大院和私人会馆。

150.政策允许范围内有哪些盘活宅基地资源的途径?

答：允许通过村庄整治、宅基地整理等节约的建设用地，采取入股、联营等方式，重点支持乡村休闲旅游养老等产业和农村三产融合发展。当前，各地在改革试点中可以重点结合发展乡村旅游、返乡人员创新创业等先行先试。在这方面，我国一些改革试验区已经开始了相关探索。例如云南大理、浙江德清等试点地区支持农户或集体组织以出租、合作开发等方式，利用闲置农房和宅基地参与乡村休闲旅游产业发展，既不丧失农户房屋所有权和宅基地使用权，又能发挥市场配置资源的作用。

盘活宅基地资源途径

中央1号文件

允许通过村庄整治、宅基地整理等节约的建设用地，采取入股、联营等方式，重点支持乡村休闲旅游养老等产业和农村三产融合发展

图书在版编目（CIP）数据

乡村振兴战略150问 /《乡村振兴战略150问》编写组编. —北京：中国农业出版社，2018.3（2023.3重印）
ISBN 978-7-109-23981-4

Ⅰ.①乡…　Ⅱ.①乡…　Ⅲ.①农村 – 社会主义建设 –
中国 – 问题解答　Ⅳ.①F320.3–44

中国版本图书馆CIP数据核字（2018）第048965号

中国农业出版社出版
（北京市朝阳区麦子店街18号楼）
（邮政编码 100125）
责任编辑　刁乾超　干锦春　李昕昱

北京通州皇家印刷厂印刷　新华书店北京发行所发行
2018年3月第1版　2023年3月北京第14次印刷

开本：850mm×1168mm　1/32　印张：5.5
字数：140千字
定价：22.00元
（凡本版图书出现印刷、装订错误，请向出版社发行部调换）